Emil Klaiber & Erich Klamert

Über Dainingas
nach Tuningen

Eine Reise durch 1500 Jahre Dorfgeschichte

Bibliografische Information der Deutschen Nationalbibliothek:
Die Deutsche Nationalbibliothek verzeichnet diese Publikation
in der Deutschen Nationalbibliografie; detaillierte bibliografische
Daten sind im Internet über dnb.dnb.de abrufbar.

© 2018 Emil Klaiber, 78609 Tuningen

Herausgeber: Emil Klaiber.

Layout: Emil Klaiber

Umschlagfoto:
„Tuningen von Westen im Jahr 2018"

Herstellung und Verlag:
BoD – Books on Demand, Norderstedt

ISBN 9783748167471

Inhaltsverzeichnis

Vorwort

Die Reise durch 1500 Jahre Dorfgeschichte beginnt mit der Niederlassung einer Alemannensippe und geht über die Gründung des Dorfes Dainingas bis in die neue Zeit.

Die Tuninger Geschichte ist reich an Ereignissen. Vieles davon wurde seither schon in unterschiedlichen Dokumenten der Zeitgeschichte veröffentlicht. Aber es gab keine zentrale Erfassung dieser Geschichtsdaten und kein Verzeichnis, nach dem man die Beschreibung eines historischen Ereignisses hätte finden können, auch nicht in der Heimatchronik Tuningen. Wenn man nicht wusste in welchem Dokument das gesuchte Ereignis beschrieben wurde, war das Finden dessen nicht möglich.

Deshalb unternahmen wir, der langjährige Ortschronist Erich Klamert und ich, die tabellarische und digitale Erfassung möglichst aller historischen Daten von Tuningen. Und wir fanden sie in etwa 16 verschiedenen Quellen. So entstand ein digitales Verzeichnis, in dem die Dokumente angegeben wurden, in denen die gesuchten Ereignisse ausführlich beschrieben sind.

Von Erich Klamert, der mich in vielfacher Weise beratend unterstützte, erhielt ich weitere Forschungsergebnisse, die seither noch nie veröffentlicht wurden. Auch konnte ich durch Umfragen in der Bevölkerung, durch Anfragen bei amtlichen Stellen und durch Nachforschungen im Internet viele zusätzlichen Informationen gewinnen.

Es war unser Anliegen, möglichst alle verfügbaren Geschichtsdaten von Tuningen in diesem zentralen Verzeichnis, welches gleichzeitig einen neuen Zeitspiegel darstellt, aufzunehmen, um sie in kompakter Form der Nachwelt zu erhalten.

Der urheberrechtlich geschützte digitale Zeitspiegel ermöglicht elektronische Suchläufe und ist jederzeit aktualisierbar. Eine Besonderheit dieses Zeitspiegels besteht in der Zuordnung von Ereignisgruppen, durch die themengleiche Ereignisse in Familien dargestellt werden können. Diese Funktion erleichterte das Schreiben der Aufsätze, die gesammelt die Herausgabe dieses Büchleins ermöglichten. Das Büchlein entstand also aus der Zusammenführung von einzelnen Berichten, weshalb in seltenen Fällen gleiche Themen wiederholt in unterschiedlichen Zusammenhängen behandelt werden.

Es würde uns sehr freuen, wenn dieses Buch bei vielen Menschen, bei jungen wie bei alten, ebenso bei den Tuninger Neubürgern, die bei uns eine neue Heimat finden werden, auf großes Interesse stoßen würde. Das Buch eignet sich auch gut als Geschenk für weggezogene oder ausgewanderte Tuninger, zur bleibenden Erinnerung an ihre alte Heimat Tuningen.

Abschließend bedanke ich mich bei allen, die mich bei der Sammlung der historischen Daten und bei der Gestaltung dieses Buches unterstützten. In diesen Dank schließe ich namentlich die Tuninger Ortsverwaltung mit Herrn Bürgermeister Roth an der Spitze und ganz besonders Herrn Erich Klamert für seine außerordentlich große und wichtige Mitwirkung ein. Mein Dank gilt aber auch unserer Schwiegertochter Elena für die Korrekturlesung der Texte und unserem Sohn Wolf für die Beratung bei der Gestaltung des Büchleins.

Ja, Tuningen ist ein altes, aber auch ein sehr modernes Dorf, ein Dorf, das von seiner schweren Geschichte geprägt wurde. Die einst geplagten Bewohner stellten sich ihrem Schicksal, aus der Hoffnungslosigkeit entstand neue Zuversicht. Das ist das Besondere an Tuningen, dem Dorf in der rauen und kalten Baar.

Ich wünsche allen Lesern einen großen Gewinn aus den Berichten über die alte Zeit. Vielleicht kann dieses Buch auch dazu beitragen, dass Menschen, die heute ohne Hoffnung sind, im Blick auf die Situation unserer Vorfahren, getröstet wieder neue Zuversicht und neuen Mut finden können.

Im Herbst 2018

Emil Klaiber

Ein altes Dorf im Wandel der Zeiten

Tuningen gehört zu den ältesten Dörfern der Baar, aber diesem Dorf sieht man das Alter nicht an. Heute ist Tuningen in mancherlei Hinsicht eines der modernsten Dörfer im ganzen Land. Die erste vorhandene urkundliche Erwähnung stammt vom 30. Juli 797 und ist durch eine Stiftungsurkunde, die im Stiftsarchiv des Klosters St. Gallen aufbewahrt wird, bezeugt. Tuningen feierte vom 25. bis 28. Juli 1997 mit einem großen Dorffest das 1200-jährige Jubiläum der Ersterwähnung.

Dieses sehr alte Bild ist vermutlich eines der ersten Bilder von Tuningen.

Doch diese Siedlung ist viel älter. Die Schreiber der Tuninger Heimatchronik wussten, dass die Alemannen die meisten auf „ingen" endenden Dörfer unserer Gegend schon in der Zeit vor 500 n. Chr. gründeten. Durch die Niederlassung einer Alemannensippe, deren Sippenältester vermutlich Teino hieß, entstand am Anfang noch kein Dorf.

Vermutlich bestand die Siedlung aus einzelnen Höfen, doch das Land wurde ursprünglich als Gemeindemark gemeinschaftlich bebaut. Die heidnischen Alemannen hatten keine Kirche, aber sie brauchten einen Friedhof und der lag im Vogelösch, südwestlich des heutigen Dorfes. Diese Ansiedelung in der damaligen Westbaar, auch Bertholdsbaar genannt, erfolgte vor etwa 1500 Jahren und ist als eigentliche Gründung von Tuningen zu sehen.

Baar ist die Bezeichnung für ein Gebiet im frühmittelalterlichen Alemannien. Ursprünglich gab es zwei große Baaren: Die Westbaar und die Ostbaar. Letztere lag im Bereich von Obermarchtal und Bussen. Die heute fälschlicherweise als Ostbaargemeinden bezeichneten Dörfer liegen weder in diesem Gebiet noch im Osten der heutigen Baar. Die heutige Baar ist ein kleiner Rest der um 770 n. Chr. zerschlagenen Bertholdsbaar.

Die Missionierung der Alemannen durch irische Mönche begann im 7. Jahrhundert mit St. Gallus. Danach gewann das Christentum in der Baar, als Folge der fränkischen Herrschaft, immer mehr Einfluss (um 760/770 n. Chr.). Schon 719 erfolgte die Gründung des Klosters St. Gallen durch Abt Otmar und im Jahr 724 folgte die Gründung des Klosters Reichenau. Die nun christianisierten Nachkommen der um 500 n. Chr. angesiedelten Alemannensippe bauten im 8. Jahrhundert eine Kirche an den Standort der heutigen evangelischen Michaelskirche (vermutlich als Friedhofskapelle) und legten um die Kirche herum einen neuen Friedhof an.

Dort, in der Nähe der Kirche, standen später auch die namentlich noch bekannten Höfe. Dort entstand der Mittelpunkt des Dorfes. So dürfte, etwa 300 Jahre nach Teino, das Dorf „Dainingas" entstanden sein.

Die Siedlung Tuningen soll später aus neun Höfen bestanden haben. Dies bezieht sich eindeutig auf die Zeit, als im 8. Jahrhundert das Dorf entstand und nicht schon auf die Zeit der Sippenniederlassung. Vermutlich dauerte es Jahre, bis die neun Höfe im Dorf gebaut waren und sicher hatten nicht alle gleich von Anfang an einen Namen. Drei der Höfe, Butschhof, Kalkhof und Mittelhof, sind im heutigen Dorf noch mit ihren Namen bekannt und örtlich den früheren Standorten zuzuordnen. Der Versuch, die Einordung der neun Höfe zeitlich zu bestimmen, ist jedoch nicht möglich. Der Burghof wird seinen Namen vermutlich erst bekommen haben, als in Tuningen eine Burg vorhanden war. Vielleicht handelte es sich sogar um den Hof der Tuninger Burgherren, der Maier, die die Verwalter der klösterlichen und der gräflichen Güter waren. Der Barrhohenhof (Barrhowhof) scheint den Namen nach seinem Besitzer Barrho erhalten zu haben. Familiennamen wurden in unserer Gegend aber erst um etwa 1200 n. Chr. eingeführt. Das würde bedeuten, dass dieser Hof erst danach den Namen erhielt. Über die anderen vier Höfe, Schlupfhof, Zu den Hohen Mauern, Niederhof und Sonnenhof, sind keinerlei Informationen vorhanden. Die neun Höfe sind aber sicher nicht alle zur gleichen Zeit entstanden.

Das Dorfbild änderte sich in den letzten 160 Jahren in positiver Weise, nicht zuletzt durch die verheerenden Brände ausgelöst. Seit etwa 1950 wandelte sich das bäuerliche Dorf zu einem Arbeiterwohnort, neuerdings zu einem kleinen Industriestandort. Tuningen verfügt heute im kommunalen, gewerblichen, landwirtschaftlichen und im privaten Bereich über die modernste Technologie, hat eine gute Infrastruktur und ist für seinen hohen Freizeitwert bekannt.

Ein altes Dorf im Wandel der Zeiten!

Und wo standen die neun Höfe?

Diese Frage kann nur unvollständig und mit viel Fantasie beantworte werden. Heute lässt sich nicht mehr in jedem Fall feststellen, wo diese Höfe und die um sie herum gebauten Häuser standen. Man kann aber davon ausgehen, dass die neun Urhöfe in der Nähe eines Wasserlaufs oder einer ergiebigen Quelle angesiedelt waren. Dort war die Straße zu einem kleinen Platz ausgeweitet.

Eindeutig klar ist nur die Lage des Mittelhofes. Die Häusergruppe stand westlich des Baches, im Bereich des heutigen kommunalen Kindergartens. Dort, in der Schulstraße, floss der Bach entlang der Bachstraße, bevor er in einen Kanal verlegt wurde.

Der Kalkhof war vermutlich in der Nähe des Sieblegrabens angesiedelt.

Etwas mehr Fantasie ist erforderlich, wenn man den Butschhof dort zuordnet, wo die Trossinger Straße einmündet.

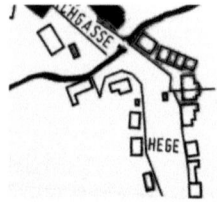

Den Burghof könnte man im Hege in der Nähe des Sieblegrabens vermuten. Dort geben auch die Flurnamen „Hinter der Burg" und „Hinter der Zehntscheuer" Hinweise auf die Burg der Tuninger Maier.

Nur mit sehr viel Fantasie kann man den Sonnenhof mit dem späteren Gasthof Sonne in Verbindung bringen. Damit wäre der Sonnenhof im Unterdorf unterzubringen. Dort gab es auch einen guten Brunnen.

Es ist auffallend, dass fast alle Höfe keinen direkten Weg zu den Nachbarhöfen hatten. Fast alle waren nur über das Zentrum, über den „Platz", miteinander verbunden.

Das Dorf Dainingas

Als sich am Ende des 8. Jahrhunderts aus der ursprüngli-
chen Ansiedlung der heidnischen Alemannensippe das
christianisierte Dorf Dainingas gebildet hatte, dauerte es
nicht lange, bis die Klöster auch von Dainingas mit Stiftungen bedacht wurden. Die Schenkung des alemanni-
schen Adeligen Thrutbert (Trudbert) aus Dainingas, aus
der Grafschaft Hrodhar, war die erste, die aus dem heutigen Tuningen bekannt wurde und damit zur ersten
urkundlichen Erwähnung vom 30. Juli 797 führte.
Thrutbert (Trudbert) gab seinen Besitz in Weigheim und
Trossingen dem Kloster St. Gallen.

Von 797 an kamen bis heute 32 verschiedene Schreib-
weisen für den heutigen Ortsnamen Tuningen vor. Auch
die Grafen, die anfangs für die zerfallene große Westbaar
als Verwalter der kleinen Adelhardsbaar, der heutigen
Baar, zuständig waren, wurden mehrfach gewechselt. So
ist über die zweite Tuninger Erwähnung bekannt, dass
die Schenkung eines "Kunfred" (Cunfred, Cundfred) am
1. September 818 aus dem Gebiet des Grafen Tiso kam.
Kunfred schenkte seine Besitzungen in Tainingas, alles
was er im Orte zu Erbe besaß, für sein und seines Vaters
Seelenheil an das Kloster St. Gallen. Auch in der Folgezeit erhielt das Kloster St. Gallen immer wieder Schen-
kungen aus Tuningen.

Im Jahr 1083 wurde das Kloster St. Georgen gegründet und schon um 1091 stiftet ein Gerhard das Gut Studeholz bei Tuningen ans Kloster St. Georgen. Um 1100 folgte die Schenkung eines „Hofgutes" in Tuningen durch Sigehart von Karpfen und seiner Mutter Ita, die eine Maierin aus Tuningen war, an das Kloster St. Georgen. Auch das Kloster St. Peter, gegründet 1130, und der Convent des Klosters Rottenmünster, gegründet 1224, wurden mit Stiftungen aus Tuningen bedacht.

Bereits am 4. Juli 817 gab König Ludwig der Fromme die gräflichen Einkünfte aus dem Reichsgut des Grafen Hrodhar, u. a. von Tuningen, an das Kloster St. Gallen. Die Verwaltung der klösterlichen Güter und sicher auch die Einkünfte des Reichsgutes, das an das Kloster St. Gallen ging, erfüllten über einige hundert Jahre die später reichen und angesehenen Maier von Tuningen, die auch in Sunthausen große Güter hatten. Als sie später den Ortsadel bildeten, bauten sie eine Burg. Die Jahreszahl ist nicht bekannt.

In dieser Zeit gab es noch keine Familiennamen. Nach 1310 erscheint in den Geschichtsunterlagen mehrfach der Name Conrad von Thuningen. Er war im Jahr 1310 in St. Blasien Zeuge in einem Vergleich des Klosters und am 11. November 1331 Bürge für Heinrich von Offenburg. Sicher ein bedeutender Mann in der damaligen Tuninger Verwaltung. Es kann angenommen werden, dass dieser Conrad der Vater des anderen Conrad war, der in Villingen mit Conrad (Cuonrad) der Thuninger bezeichnet wurde.

Sicher war dieser einer von denen, die von Tuningen nach Villingen abwanderten. Er war von 1380 bis 1387 Schultheiß bzw. Bürgermeister in Villingen und er siegelte erstmals 1386 auf einer Villinger Ratsurkunde mit dem Tuninger Siegel, welches er von Tuningen mitnahm.

Einer seiner Söhne wurde mit Hans von Thuningen zu Villingen bezeichnet. Das heißt, Hans war von Thuningen und wohnte in Villingen. Er war verheiratet mit Anna, der Tochter des Villinger Bürgers Konrad Enger, und starb im Februar 1427. Aus diesen Daten kann man abschätzen, dass die Tuninger Verwalter, die Maier, vor 1380 nach Villingen abwanderten und dort den Familiennamen nach ihrer Berufsbezeichnung Maier erhielten.

Unter der Herrschaft der Herren von Lupfen

Die Burg Lupfen ist erstmals im Jahr 1065 nachweisbar und war eine der größten Burgen in Württemberg. Die ersten bekannten Herren von Lupfen waren hochangesehene Äbte, Priester und Domherren, deren Namen wir schon um das Jahr 1000 finden.

Heinrich von Lupfen, geboren um 1200/1220, war verheiratet mit einer Frau von Küssenberg. Sein Schwager, der letzte Graf von Küssenberg, hinterließ ihm, nach dem Vergleich vom 19. März 1251 mit dem Bischof von Konstanz, die Burg Stühlingen. Dadurch war er der erste Landgraf von Stühlingen aus dem Hause Lupfen. Nach dem Tode dieses Heinrich von Lupfen, Herr von Stühlingen, der wohl vor 1258 erfolgte, teilte sich die Familie in zwei Linien.

Der Berg Lupfen (Hohenlupfen) 976,6 m über NN.
Rund 160 Jahre wurde Tuningen von hier aus beherrscht.

Der Sohn Berthold von Lupfen, um 1240 geboren, erhielt die Burg bei Talheim und die Herrschaft Lupfen. Der Sohn Eberhard, geboren 1256, bewohnte mit seiner Frau Adelheid von Zimmern das mütterliche Erbe derer von Küssenberg, in der Landschaft Stühlingen, und nannte sich Landgraf zu Stühlingen.

Die Stühlinger Linie brachte viele bedeutende Männer hervor und gelangte zu hohem Glanze, bis 1582 mit dem Grafen Heinrich VI. der Mannesstamm erlosch. Drei weitere Söhne von Heinrich von Lupfen und seiner Frau von Küssenberg waren Ulrich, Domherr von Straßburg, Hugo, Domherr in Straßburg und Stadtpfarrer in Rottweil, und Heinrich, Pfarrer in Oberndorf, Mönch in St. Gallen und Probst daselbst.

18

Der vorstehend genannte Eberhard I., Landgraf von Stühlingen (1256-1302), und seine Söhne Eberhard II. und Hugo (Haug) verkauften im Jahr 1299 die Güter in Tuningen zusammen mit denen in Schierstein oder Schura (?) an seinen Neffen Heinrich von Lupfen, Sohn seines Bruders Berthold von Lupfen (Talheimer Linie). Eine Steuerliste um 1280 vom Hause Lupfen enthielt bereits 21 Steuerzahler aus Tuningen. Diese beiden Angaben belegen, dass Tuningen mindestens seit dem Ende des 13. Jahrhunderts zur Herrschaft der Herren von Lupfen gehörte.

Um diese Zeit gehörte auch die Herrschaft Karpfen dem Landgraf Eberhard I. von Stühlingen, welche nach 1250 durch Erbe den Herren von Lupfen zufiel. Etwa 1295 hatte er sogar seinen Sitz auf Karpfen. Danach folgten die Herren von Blumberg und ab etwa 1413 besaßen die Herren von Emershofen Teile von Burg und Herrschaft Hohenkarpfen.

Dem Stammvater Berthold (Talheimer Linie) folgte der vorstehend genannte Sohn Heinrich von Lupfen, danach dessen Sohn Konrad I., danach dessen Sohn Georg und schließlich dessen Söhne Bruno (oder Brun Eberhard) und Konrad II. Bruno war mit der Baroness Margaretha von Geroldseck-Sulz (Burg Albeck) verheiratet. Aus dieser Ehe überlebten keine Söhne. Die Söhne von Konrad II., Hans und Diepold, wurden von einer „nicht ebenbürdigen Gemahlin" geboren.

Die Burg Lupfen wurde erstmals im Jahr 1377 durch die Rottweiler zerstört, danach teilweise wieder aufgebaut. Weil sich Bruno von Lupfen mit Kaiser Sigismund verfeindete, eroberten und zerstörten die mit dem Kaiser befreundeten Rottweiler im Jahr 1416 die Burg erneut und endgültig.

Nach der Beschreibung des Oberamtes Tuttlingen von 1879 verkaufte Bruno von Lupfen im Jahr 1432 Tuningen an Heinrich von Blumberg. Dieser nannte sich Herr von Taininingen (Tuningen) und Dießenhofen. Er war verheiratet mit Ursula Truchsess von Dießenhofen.

Die Herren von Lupfen kauften im Jahr 1435 die Burg in Tuningen von Anna, der Witwe des Conrad von Tannheim, finanziert von Leo, dem Juden [1] von Villingen. Anna war vermutlich eine Nachfahrin der früheren Maier (Verwalter) in Tuningen, die, nachdem sie in den Adel aufgestiegen waren, nach Villingen abzogen.

Im Jahr 1437 verkaufte Bruno von Lupfen die Stammburg und das Dorf Talheim sowie die heute verschwundenen Dörfer Ötishofen, Asp und Reifenberg, die auf der heutigen Gemarkung Talheim lagen, an die Herren von Friedingen bei Radolfzell. Die Herrschaft Hohenkarpfen, die die Herren von Lupfen seit dem 14. Jahrhundert besaßen, verkaufte Bruno an seine dortigen Mitbesitzer, die Herren von Emershofen. Bruno von Lupfen starb am 21. September 1439, seine Frau Margareta von Geroldseck-Sulz starb am 26. Mai 1440.

---

[1] *Dr. Winfried Hecht, Jüdische Darlehen für Trossingen und Tuningen im 15. Jahrhundert, Schriften des Vereins für Geschichte und Naturgeschichte der Baar, Band 50, März 2007, Seite 47-50.*

Die Vermögensverhältnisse des verstorbenen Bruno von Lupfen und seiner Frau Margareta wurden im November 1442 in Vertretung durch Heinrich, Georg, Konrad und Hans von Geroldseck-Sulz (Brüder der verstorbenen Margareta) einerseits und Heinrich von Blumberg, Stefan von Emershofen und Rudolf von Friedingen andererseits vertraglich geregelt, wonach die Dörfer Trossingen, Tuningen und Biesingen an die Herren von Friedingen, bei Radolfzell, gingen.

Knapp zwei Jahre später, am 9. Juli 1444, kaufte Graf Ludwig I. von Württemberg die Herrschaften Lupfen und Karpfen für 7.152 rheinische Gulden. Dazu gehörten der Berg Lupfen, Talheim, Trossingen, Biesingen, Tuningen mit der Burg darin, Rietheim, das Schloss und der Berg Karpfen. Diebold von Lupfen, Sohn von Konrad II. und seiner „nicht ebenbürdigen Gemahlin", war der letzte männliche Namensträger der Talheimer Linie der Herren von Lupfen. Er starb am 1. September 1462.

Der „Schwarze Tod" wütete auch in Tuningen

Die erste bekanntgewordene Pestepidemie in Europa tobte zwischen 1347 und 1352 n. Chr. Historiker schätzen, dass dieser Epidemie ein Drittel der Bevölkerung zum Opfer fiel. Für Tuningen liegen keine Opferzahlen vor, aber im Jahr 1354 wurde die Elendjahrszeitpflege Villingen gegründet, an die Tuningen bis ins Jahr 1841 vertraglich gebunden war.

Vermutlich war die Elendjahrszeitpflege die erste soziale Einrichtung in unserer Gegend. Sie unterstützte in Not geratene Familien und Einzelpersonen., aus dem Vermögen der während der Pest erblos Verstorbenen, später auch aus Fruchtabgaben und Zinsen.

Die Pestkreuze, die an allen vier Ortsausgängen von Emmingen ob Eck stehen, erinnern an die zweite große Pest im 17. Jahrhundert, vor und während des Dreißigjährigen Krieges (1618-1648), als in wenigen Jahren mehr als die Hälfte der Einwohner von Emmingen an dieser Krankheit zugrunde ging. Mit der Aufschrift „Wanderer flieh! Hier haust die Pest" [2] sollten sie den Fremdling zurückschrecken, zugleich aber auch um Erlösung von der Seuche bitten. Heute sind die Pestkreuze für uns Zeichen aus furchtbarer Notzeit und Bitte um Gottes Hilfe.

Während dieser zweiten schrecklichen Epidemie verlor auch Tuningen mehr als die Hälfte der Einwohner.

[2] *http://www.emmingen-liptingen.de/tourismus/sehenswertes/pestkreuze im Jahr 2018*

Im Jahr 1652, vier Jahre nach Kriegsende, waren es, vermutlich zusammen mit den zu Tuningen gehörenden evangelischen Sunthauser, nur noch 300 Einwohner. Es ist dokumentiert, dass damals mindestens drei in Tuningen tätige Pfarrer an der Pest verstorben sind. Bereits am 1. Oktober 1611 starb in Tuningen Magister Johann Schnitzer an der Pest. Er war von 1583 bis zu seinem Tod Pfarrer in Tuningen. Magister Balthasar Elenheintz war von 1620 bis 1633 Pfarrer in Tuningen. Er starb am 13. Dezember 1635 in Roßwag (heute Stadtteil von Vaihingen / Enz) an der Pest. Sein Sohn, gleichen Namens und seit 1628 ebenfalls Magister, starb bereits am 20. November 1629 in Tübingen. Magister Johannes Harter von Sulz war von 1634 bis 1635 Pfarrer in Tuningen. Er musste 1634, wie viele Tuninger, wegen des evangelischen Glaubens fliehen und starb im September 1635 auf der Flucht an der Pest.

Nach 1652 nahm die Einwohnerzahl von Tuningen wieder auffallend stark zu. Es dauerte keine 100 Jahre, da waren es 1000 Einwohner, so viel wie nie zuvor. Diese Entwicklung, nach einer solchen Katastrophe, war nur durch gesteuerten Zuzug möglich. Hier gab es gutes Land, Land das zurückblieb, als die früheren Besitzer ohne Erben starben. Neue Dorfbewohner mit Namen, die man zuvor hier nicht kannte, übernahmen und bewirtschafteten es. Viele Zugezogene kamen aus der Schweiz. Es begann eine neue Zeit.

Die Pestkreuze erinnern heute an die vorausgegangenen schweren Zeiten!

Fast 500 Jahre Elendjahrszeitpflege Villingen – ihre Aktivitäten und Verbindungen zu Tuningen

Die Elendjahrszeitpflege (auch Seelenjahrszeitpflege) war eine Art Bank im Mittelalter. Sie wurde im Jahr 1354 n. Chr. gegründet, übernahm das Vermögen der während der Pest erblos Verstorbenen und unterstützte damit in Not geratene Familien und auch Einzelpersonen. Sie stand unter der Verwaltung des Magistrats der Stadt Villingen.

Nach der zweiten großen Pestepidemie, welche vor und während des Dreißigjährigen Krieges in unserer Gegend tobte, blieb viel Land, das früher von den Verstorbenen bewirtschaftet wurde, brach liegen. Es kann angenommen werden, dass die Elendjahrszeitpflege, in deren Verwaltung die Grundstücke lagen, diese möglichst schnell einer Veräußerung oder Verpachtung zuführte und dadurch die Wiederansiedlung durch zuziehende Menschen unterstützte.

Zwischen dem 8. und dem 14. Jahrhundert hatte das Kloster St. Gallen das Recht der Pfarrstellenbesetzung (Kirchensatz) und das Zehntrecht, welches von Kaiser Karl dem Großen (768-814) eingeführt wurde. Das Zehntrecht bestand aus einer etwa zehnprozentigen Steuer in Form von Geld oder Naturalien (Fruchtabgaben) an eine geistliche oder weltliche Institution.

Ab dem 14. Jahrhundert waren in Tuningen diese Rechte im Besitz von Villinger Bürgern, bei den Grafen zu Lupfen, Landgrafen zu Stühlingen, bei den Grafen zu Fürstenberg und bei der Elendjahrszeitpflege Villingen. Diese Rechte waren jeweils gewinnträchtige Verkaufs-, Beleih- und Belehnungsgeschäfte. Es herrschte ein reger Handel. So kam es, dass Villinger Bürger über die Pfarrstellenbesetzung in Tuningen bestimmten, was besonders im Jahr 1536, während der Reformation, zu schwierigen Verhältnissen führte. Die Elendjahrszeitpflege kaufte im Jahr 1549 das Recht der Pfarrstellenbesetzung (Kirchensatz). Der württembergische Regent bekam das Recht, die Ernennung der Pfarrer durch die Elendjahrszeitpflege zu bestätigen oder abzulehnen. Die Elendjahrszeitpflege war bis zum 15. Juli 1841 Inhaber des Kirchensatzes. Ab 1841 bis 1918 hatte der württembergische König das Recht der Pfarrstellenbesetzung.

Der Villinger Magistrat war also Eigentümer des Tuninger Pfarreinkommens, weshalb er bis 1850 den Zehnten von Tuningen bekam. Bis 1850 wurden die Güter der Elendjahrszeitpflege vom Villinger Magistrat verwaltet. Das Recht der Pfarrstellenbesetzung enthielt andererseits aber auch die Pflicht, die Pfarrstelle (auch die Besoldung des Pfarrers) samt dem Pfarrhaus und allem Zubehör zu unterhalten. Beim Bau der neuen Kirche in den Jahren 1728-1732 bezahlte die Elendjahrszeitpflege etwa 23 % der Baukosten.

Die Tuninger Zehntpflichtigen schlossen sich im Jahr 1840 zu einer Zehentgemeinschaft zusammen, die dann im Jahr 1841 die der Elendjahrszeitpflege zustehenden Ansprüche über Fruchtabgaben durch Vertrag auflöste. Die Zehntscheuer konnte deshalb im Jahr 1843 abgebrochen werden. Sie wurde nicht mehr benötigt. Das neue Pfarrhaus, das nach der Zerstörung des alten beim großen Brand 1860 auf der gegenüberliegenden Straßenseite gebaut wurde, bezahlte die Zehentgemeinschaft. Erst im Juni 1930 wurde die Zehentgemeinschaft endgültig aufgelöst.

Das alte Dorfbild

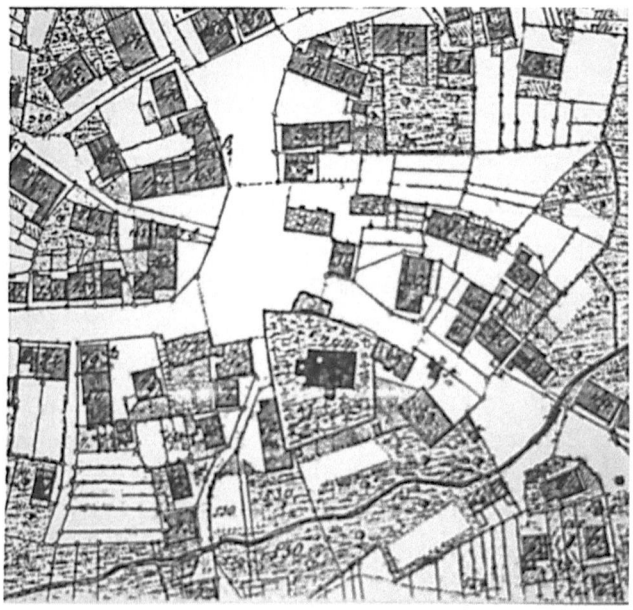

Der Plan der Ortsmitte von Tuningen zeigt die Wegverhältnisse um das Jahr 1843 sowie die enge und unregelmäßige Bebauung.

Die Straßen: Schon das alte Tuningen lag am Verbindungsweg von Villingen und Schwenningen nach Tuttlingen. Nicht immer konnte diese Wegstrecke ohne Behinderung genutzt werden. Durch Vertrag zwischen Villingen und den Herren von Lupfen garantierte Villingen schon im Jahr 1396 die Offenhaltung des Weges von Schwenningen über Tuningen nach Tuttlingen. Doch diese Vereinbarung hielt nicht sehr lange.

Auch die starken Steigungen in Mühlhausen, am Hattensteig und in Tuningen an der Staig waren für den damaligen Verkehr sehr schwierig zu bewältigen. Die Staig (Steig) war schon immer Durchgangsstraße und bis ins 19. Jahrhundert ein steiler und schwer befahrbarer nicht gewalzter Schotterweg. Selbstfahrende Straßenwalzen kamen erst zu Beginn des 20. Jahrhunderts auf.

Im Jahr 1904 wurden die letzten Kilometer der Straße nach Talheim gewalzt, 1914 das steile „Gaißengässle" (heute Bergstraße) eingeschottert und gewalzt, wobei die Dampfwalze dort nur bergab fahren konnte. Für die bergauf fahrende Walze war der Weg zu steil. 1924 erhielt die Verbindungsstraße nach Mühlhausen einen gewalzten Schotterbelag und erst kurz vor dem zweiten Weltkrieg wurden die wichtigsten Verbindungsstraßen zu den Nachbardörfern geteert. Die Straße nach Weigheim und die innerörtlichen Straßen konnten erst zwischen 1950 und 1960 ausgebaut und mit einer Teerschicht versehen werden. Für Teer im Straßenbau besteht nun in Westdeutschland seit 1984 ein Verwendungsverbot.

In der Bachstraße verlief der Bach direkt an der Straße entlang. Die wenigen Häuser auf der östlichen Seite waren jeweils durch Brücken mit der Straße verbunden. Das änderte sich erst, als etwa um 1960 der Bach in den unterirdischen Kanal verlegt wurde. In Dengen soll die Schotterstraße bis 1840 hart an der östlichen Häuserreihe vorbei verlaufen sein. Die Dungstätten und Holzlegen sollen für beide Häuserreihen auf der anderen Straßenseite gelegen haben.

Die Schmalzgasse, heute Martin-Luther-Straße, und die Hintergasse gab es vor 1860 noch nicht. Der „Winkel" (Winkelstraße) war Sackgasse und wurde schon ab der Unterdorfstraße (heute Hauptstraße) als „Winkel" bezeichnet. Die Kaiserstraße, erst um 1923 als staatliche Notstandsarbeit gebaut, ermöglichte ab diesem Datum eine direkte Straßenverbindung zwischen Mittelhof und Butschhof. Die Umfahrung der steilen Staigstraße und des „Platzes" war also zuvor nicht möglich. Das Hege und das Vogtsjokengäßle (Friedhofstraße) führten nur in den Ösch, letztere ab 1843 auch zum damals neuen Friedhof.

Vermutlich am Anfang des 19. Jahrhunderts gab es auf dem „Platz" einen Dorfweiher, später eine Brunnenstube.

Die Gebäude in der Ortsmitte: (A) das 1786 als Kaufhaus gebaute und 1832 von der Gemeinde, samt der angebauten Scheuer, gekaufte neue und heutige Rathaus, die evangelische Kirche (B) von 1728 mit dem alten Friedhof, das alte Schulhaus (C) aus dem Jahre 1833, welches wenig später beim großen Brand von 1860 abbrannte, die Pfarrscheuer (D) von 1765, das alte Pfarrhaus (E), das ebenfalls 1860 abbrannte und danach auf der anderen Straßenseite aufgebaut wurde, das Gemeindebackhaus (F) von 1841, auch dieses brannte keine 20 Jahre später ab, wurde aber schnell wieder aufgebaut und diente zusammen mit der Rathausbühne dem Schulunterricht, ab 1911 bis 1972 als Kleinkinderschule, das Gasthaus Krone (G) wurde nach dem Brand von 1860 wieder aufgebaut,

das alte Rathaus (H) in der Amtshausgasse, das 1832 verkauft wurde, ging 1860 ebenfalls verloren, der frühere Gasthof Löwen (I) und der frühere Gasthof zum Hasen (K) blieben vom Brand verschont. Der Sieblegraben wurde inzwischen begradigt.

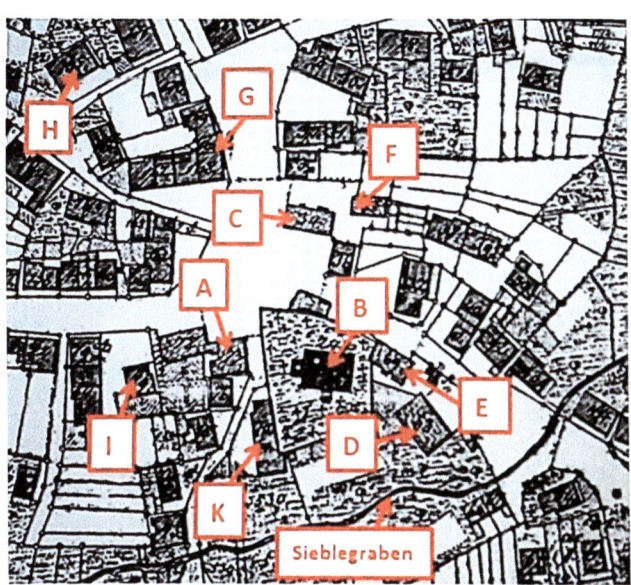

Die Häuser waren meistens klein und eng aneinandergebaut. Im Brandfall führte das zur Katastrophe, zumal die Schindeldächer dem Feuer reichlich Nahrung boten.

Die enge Bebauung mit alten Häusern war teilweise noch nach dem zweiten Weltkrieg an der Staigstraße

und im Hege vorhanden.

Auch in der Dengenstraße ist heute noch auf einer Straßenseite die enge Bebauung, jedoch mit den inzwischen modernisierten Häusern zu sehen.

Die Pfarrscheuer gehörte zu den größten Gebäuden im Dorf. Sie wurde 1765 gebaut und 1970/1971 abgebrochen.

Die Bunzelhütte war ihrer Zeit weit voraus. Unter ihrem Dach gab es schon seit Jahrhunderten drei Eigentumswohnungen. Das einzige Plumpsklo, der Stall und die Scheuer waren Gemeinschaftseigentum. Das Haus wurde in den 1960er-Jahren abgebrochen.

Die Reformation in Tuningen

Von Erich Klamert

Martin Luther setzte am 31. Oktober 1517 mit der Plakatierung seiner 95 Thesen am Nordportal der Schlosskirche zu Wittenberg ungewollt die Reformation in Gang. Sie wirkte langfristig wie eine unaufhaltsame Lawine, die alles fortriss, was sich ihr ernsthaft entgegenstellte. So war im Zeichen der Renaissance (Wiedergeburt) eine zunehmende Verweltlichung (Machtkämpfe zwischen Papst und Kaiser um die Vorherrschaft in Europa) und eine immer größer werdende Entfernung vom Text des Evangeliums (die Lehre vom Fegefeuer, darum Abhaltung von Jahrtagen; Anrufung von Schutzheiligen in allen Fällen usw.) in der katholischen Kirche von Statten gegangen, die zur Zeit Martin Luthers in einem widersinnigen Ablasshandel zum Bau der Peterskirche in Rom ausartete, gegen den er sich entschieden zur Wehr setzte.

Martin Luthers Bemühungen um eine grundlegende Reform der katholischen Kirche auf der Grundlage des Wortes Gottes in der Heiligen Schrift wurden sowohl von den Päpsten Leo X. (1513-1521), Hadrian VI. (1522-1523, Klemens VII. (1523-1534) und Paul III. (1534-1549) als auch von Kaiser Karl V. (1519.1556) als den Schutzherrn der katholischen Kirche als Ketzerei verdammt und über ihn am 3. Januar 1521 der Bann ausgesprochen.

Doch die Reformation ging weiter. Sie wurde von Martin Luther und seinen engsten Mitarbeitern Philipp Melanchthon, Georg Spalatin, Johannes Butenhagen und Lazarus Spengler systematisch auf der Grundlage der Heiligen Schrift neu überdacht, theologisch formuliert und in deutscher Sprache gedruckt und unter das Volk gebracht.

Im Herzogtum Württemberg konnte die Reformation erst nach dem Sieg der Truppen des Landgrafens Philipp von Hessen und des exilierten Herzogs Ulrich über das Heer des Königs Ferdinand am 13. Mai 1534 zu Lauffen am Neckar verwirklicht werden. Herzog Ulrich von Württemberg (1498-1519 und 1534-1550) bediente sich zur Durchführung der Reformation in seinem Land zunächst zweier Persönlichkeiten, die jeder für sich einem konkurrierenden Flügel der reformatorischen Partei angehörten.

Erhard Schnepf (1495-1558), ein gebürtiger Heilbronner, war, bevor ihn Herzog Ulrich 1534 nach Württemberg rief, Professor in Marburg/ Lahn und als Schüler Melanchthons zum Verfechter der lutherischen Richtung der Reformation geworden. Er stand dem Kirchensprengel nördlich der Stuttgarter Weinsteige als herzoglicher Reformator vor!

Ambrosius Blarer (1492-1564), ein Konstanzer Patriziersohn, war ehemals Prior im Benediktinerkloster Alpirsbach, votierte für die oberdeutsche Reformation nach dem theologischen Verständnis von Ulrich Zwingli.

34

Er stand dem Kirchensprengel südlich der Stuttgarter Weinsteige mit dem Sitz in Tübingen als herzoglicher Reformator vor!

Der starke persönliche Einfluss des Schwäbisch-Haller Reformators Johannes Brenz (1499-1570) in der theologischen Gesamtauseinandersetzung, insbesondere in der Abendmahlsfrage, verhalf der lutherischen Richtung der Reformation, der auch zeitlebens Herzog Ulrich sehr nahe stand, nach einigen Jahren der Läuterung zum entscheidenden Durchbruch und Bestand in Württemberg.

Die Visitation der katholischen Pfarrerschaft in den einzelnen Oberämtern seines Sprengels führten Ambrosius Blarer am 2. Februar 1535 auch nach Tuttlingen, wo ihm der Obervogt Georg von Höwen (1534-1536) die versammelten Geistlichen zur Berichterstattung vorstellte. Zu den geladenen, aber nicht anwesenden Geistlichen zählten u. a. die katholischen Pfarrer Hans Schmid aus Öfingen und Ludwig Schöttlin von Tuningen. Letzterer, bereits seit 1517 in Tuningen seelsorgerisch tätig, verweigerte auf Grund seiner katholischen Glaubensüberzeugung eine Examinierung durch den herzoglichen Reformator und lehnte die neue württembergische Kirchenordnung entschieden ab.

Er wollte „die Untertanen, wie bisher, nach alter christlicher Ordnung und, wie es einem Priester geziemt, treu versehen" und bat, ihn dabei zu lassen!

Inwieweit die nachfolgend aufgeführten Tuninger Geistlichen in diese Examinierung hineingezogen wurden, entzieht sich leider jeder Kenntnisnahme:

Blasio Fabri, vom 24. April 1519 bis 24. April 1522 als Pfarr-Rektor aktenkundig,

Conrad Uol, Leutprister (21. Mai 1534),

Conradus Vln, am 9. März 1536 proklamiert und am 20. April 1536 installiert und

Wernheri Wyga, Magister, unter vorletzterem erwähnt.

Der politische Druck der herzoglichen Amtsleute in Tuttlingen sowie die religiöse Aufsässigkeit des Tuninger Vogtes und seiner Evangelischen Anhänger veranlassten Pfarrer Ludwig Schöttlin kurz vor Weihnachten 1535, seine langjährige Wirkungsstätte mit der bekannten Wallfahrtskirche zum Hl. Gallus für immer zu verlassen.

Der aus Staatsräson erzwungene Rücktritt von Pfarrer Ludwig Schöttlin, der nach dem Zeugnis der Patronatsinhaber die katholische Pfarrei Tuningen (Tainingen!) 18 Jahre lang „christlich und wohl versehen" hatte, kam einer Glaubens-Kapitulation gleich, der Bischof Johannes IV. von Lupfen zu Konstanz (1532-1537) vorerst nichts entgegensetzen konnte.

Die aus der Tradition des frühmittelalterlichen Katholizismus hervorgegangenen adeligen Persönlichkeiten wie Abt Ulrich de Luphun auf der Reichenau (1048-1069), Abt Heinrich I. von Lupfen in Einsiedeln (1065-1070), Abt Rudolf II. von Lupfen in Einsiedeln (1142-1171)

und Abt Heinerich von Karpfen auf der Reichenau (1207-1234) hatten es da natürlich leichter, ihre Untertanen unter dem Krummstab im katholischen Glauben zu führen als die Menschen der Reformationszeit, die sich damals bereits anschickten, sich von den Fesseln staatlicher Willkür und kirchlicher Inkompetenz zu befreien. Mit dem Abgang des letzten katholischen Pfarrers in der Person des Villingers Ludwig Schöttlin endete hier eine Jahrhunderte alte konfessionelle Ära, die erst wieder nach ungefähr 420 Jahren erneut durch das Feiern der Heiligen Messe in der dafür zur Verfügung gestellten evangelischen Kirche hochoffiziell in Erscheinung tritt.

Sowohl die Gemeindeältesten als auch der Vogt persönlich (8. Juli 1536!) forderten über die Tuttlinger Obervogtei die Inhaber des hiesigen Kirchensatzes und des Zehnten, die Familie des Villinger Alt-Burgermeisters Hans Hermann, ultimativ auf, ihnen einen Prädikanten (evangelischen Prediger) als neuen Seelsorger vorzuschlagen und zu benennen. Daraufhin erklärten die Villinger Patronatsherren, dass sie die geforderte Anstellung eines Prädikanten weder vor ihrem Lehensherrn, dem Grafen Georg von Lupfen, noch vor ihrem Landesherrn, dem katholischen König Ferdinand, verantworten könnten.

Darüber hinaus befürchteten sie, dass sie bei einer wohlwollenden Behandlung dieses Falles enorme Schwierigkeiten mit dem Grafen Friedrich von Fürstenberg als dem Inhaber der hohen Gerichtsbarkeit in Tuningen bekommen würden. Damit war die Berufung eines evangelischen Predigers zunächst gescheitert!

Auf Umwegen über die niedere Gerichtsbarkeit, die Herzog Ulrich von Württemberg hier am Ort zustand, wurde 1537 Herr Hans der Prädikant unter der Schirmherrschaft des Tuttlinger Obervogtes Hans am Gstad (1536-1541) als erster evangelischer Prediger in Tuningen eingesetzt! Er ist mit größter Wahrscheinlichkeit jener Johannes Khym, der in der evangelischen Pfarrerliste von Tuningen an erster Stelle steht, jedoch 1548 dem Interim weichen musste. Jedenfalls war er um 1542, 1545 und 1547 hier in Tuningen.

Herzog Ulrich von Württemberg wurde durch seinen Oberlehensherrn, Kaiser Karl V., gezwungen, die vom Letzteren verfügten Bestimmungen des Augsburger „Interims" (1548-1552) öffentlich verkündigen zu lassen. Dies erfolgte bereits am Sonntag nach dem 20. Juli 1548, nachdem der Tuttlinger Obervogt Pangratz von Stöffeln zu Eigeltingen (1546-1557) von Ersterem dazu ermächtigt worden war.

Diese Bestimmungen sahen u. a. vor:

Rückkehr der bisherigen katholischen Ortsgeistlichen in ihre alten Pfarreien und Pfründe!

Wiedereinführung der hl. Messe in lateinischer Sprache als Hauptbestandteil des katholischen Gottesdienstes!

Weitere liturgische- und kanonische Gültigkeit der Sakramente (Taufe, Firmung, Eucharistie, Buße, letzte Ölung, Ehe und Priesterweihe) einschließlich der Verehrung der Schutzheiligen (kirchliche Patrone) wie bisher anhand von Reliquien und durch Wallfahrten!

Zugeständnisse an die protestantische Seite:

Verkündigung des reinen Evangeliums nach der deutschen Übersetzung von Martin Luther!

Austeilung des Abendmahls in Gestalt von Brot und Wein!

Gestattung der Priesterehe bei den evangelischen Prädikanten, hingegen strikte Beibehaltung des Zölibats bei katholischen Geistlichen!

Tainingas, der Ablassbrief und das wilde Schwein.

In der Zeit vor 865 n. Chr. wurden im Bereich des Klosters St. Gallen, dem öfters Stiftungen aus Tainingas, dem heutigen Tuningen, zuflossen, viele neue Kirchen und Kapellen dem St. Gallus geweiht. Die älteste St. Galluskirche in der Region bestand, laut Heimatchronik Tuningen, um 874 in Wurmlingen. Das Baujahr der St. Galluskirche in Tuningen, die außerhalb des damaligen Dorfes und unweit der heutigen Straße nach Sunthausen stand, ist zwar unbekannt, sie muss aber vor 865 n. Chr. geweiht worden sein. Somit könnte sie sogar älter als die in Wurmeringa (Wurmlingen) gewesen sein.

Bis zur Reformation war die Tuninger St. Galluskirche eine viel besuchte Wallfahrtskirche, vielleicht nicht zuletzt deshalb, weil sie mit einem Ablassbrief von Papst Benedikt XII. ausgestattet und von 14 Erzbischöfen und Bischöfen unterzeichnet war. Der Ablass von der Buße der Sünden galt während 40 Tagen. Die zu erfüllenden Bedingungen für den Ablass waren vielfältiger Art. Die Ablassurkunde vom 25. April 1338, die im „Pfründarchiv" des Stadtarchivs Villingen aufbewahrt wird, ist das einzige noch vorhandene historische Dokument, das die Wallfahrtskirche belegt. Allerdings weisen auch Flurnamen wie „Auf heiligen Wegen" auf die damalige Kirche hin.

Es ist anzunehmen, dass die Wallfahrtskirche mit der Reformation ihre Bedeutung verloren hat. Sie bestand aber noch, als 1535 der Villinger Pfarrer Ludwig Schöttlin seine 18-jährige Wirkungszeit in Tuningen, wegen der Entscheidung der Bevölkerung über den Wechsel zum lutherischen Glauben, beendete. Eine Verbindung zwischen der im Dorf stehenden Michaelskappelle und der „auf heiligen Wegen" stehenden Wallfahrtskirche St. Gallus ist jedoch nicht belegbar.

Ein Priester, der sich offenbar darüber ärgerte, dass dieser Ablass durch die Reformation verloren ging, soll in seinem Zorn dem Ablassbrief beigefügt haben, dass „leider Martin Luther, das wilde Schwein, dessen Valor ausgelöscht" habe. Es ist nicht bekannt, seit wann die St. Galluskirche nicht mehr besteht. Möglicherweise wurde sie im Dreißigjährigen Krieg (1618-1648) zerstört. Dann könnte sie mehr als 800 Jahre alt gewesen sein.

Die St. Galluskirche von Tainingas gehört zur langen Geschichte unserer Heimat und war auch ein Meilenstein auf dem Weg zur Reformation in Tuningen.

Anmerkung: Valor = Gültigkeit

Als das gemeine Volk das Lesen und Schreiben lernte

In ganz Europa, teilweise sogar in der ganzen Welt, änderten sich mit der Reformation das öffentliche und das private Leben. Die Reformation nahm nicht nur auf die Kirche und auf die Theologien Einfluss. Es veränderten sich die gesellschaftlichen Strukturen, kulturelle und künstlerische Gestaltungsregeln, das Bildungssystem, selbst das Wirtschaftsleben. Das zentrale Anliegen der Reformation war aber die Übersetzung der Bibel in die Volkssprachen. Auch das gemeine Volk sollte die Bibel lesen können. Die Predigt sollte vom Volk verstanden werden. Der Glaube sollte gebildeter Glaube sein. Die Voraussetzung dafür war eine flächendeckende Einführung von Schulen.

Die Gründung von Schulen

Im deutschen Sprachraum gab es vor der Reformation zuerst die Klosterschulen. Ab dem 13. Jahrhundert wurden als Einrichtungen der höheren Bildung Lateinschulen gegründet. Latein war die Sprache der Wissenschaft. Die erste Lateinschule in Württemberg war die im Jahr 1249 nachgewiesene Lateinschule in Kirchheim unter Teck, gleich danach das heutige Berthold-Gymnasium in Freiburg, seit 1457 als Vorbereitungsschule für die Universität. Die Lateinschule in Tuttlingen wurde 1470 gegründet.

In der Geschichte von Tuningen finden sich Hinweise, dass auch Tuninger Kinder diese Schule besuchten.

Das waren aber nur Kinder von Eltern mit einer gewissen Bildung, z. B. nach 1552 die Pfarrerskinder. Die Kinder der einfachen Leute hatten damals keine Möglichkeit zur Schulbildung. Noch Jahrzehnte nach der Reformation waren die Ortsgeistlichen die Einzigen mit höherer Schulbildung in den dörflichen Siedlungen.

Die Bürger von Tuningen nahmen schon 1537 die Reformation an, doch praktisch konnte sie erst nach 1552, nach Ablauf der Interimszeit, eingeführt werden. Die „Große württembergische Kirchenordnung" von Herzog Christoph erschien im Mai 1559. Sie regelte nicht nur die Organisation der Gottesdienste und die Angelegenheiten der Kirche, sondern auch die der Schulen in Württemberg. In der vom Reformator Johannes Brenz (1499-1570) konzipierten Schulordnung aus dem Jahr 1559, die in die große Kirchenordnung von Herzog Christoph eingearbeitet wurde, heißt es zu Beginn: „Als wir auch etliche namhafte und volkreiche Flecken in unserem Fürstentum und gemeinlich hartschaffende Untertanen haben, so ihrer Arbeit halber nicht alle Zeit wie Not, ihre Kinder selbst unterrichten und weisen könnten, damit dann dieselben arbeitenden Kinder in ihrer Jugend nicht versäumt, fürnemlich aber mit dem Gebet und Catechismo und daneben schreibens und lesens ihren selbst und gemeinen Nutzen wegen, desgleichen Psalmsingen desto baß unterrichtet auferzogen, wollen wir .... daß daselbst deutsche Schulen .... eingerichtet werden." Damit war die Gründung der "Teutschen Schule" als Volksschule vollzogen. Auf Anweisung des Herzogs entstanden die „Teutschen Schulen" in unserem Lande.

Bereits im Jahr 1590 wurde die Schulaufsicht dem jeweiligen evangelischen Pfarrer übertragen. Doch während des Dreißigjährigen Krieges wütete die Pest. Der für die Schulaufsicht zuständige Pfarrer Johannes Harter starb auf der Flucht an der Pest. Die Pfarrstelle war nicht mehr besetzt. Kirchlich wurde Tuningen erst wieder ab 1640 betreut.

Viele Jahre gab es deshalb auch keine Schulaufsicht. Nach diesem Krieg, am 10. August 1649, wurde durch die Initiative des Herrenberger Superintendenten, Hofpredigers und Abtes Johann Valentin Andreae (1586-1654) von Herzog Eberhard III. per Gesetz die allgemeine Schulpflicht in Württemberg, für Knaben und Mägdelein vom 6. bis 14. Lebensjahr, eingeführt.

Christliche Lerninhalte

Die flächendeckende Bildung von Schulen war eine Folge der Reformation, bei der das zentrale Anliegen darin bestand, dass alle Menschen in diesem Lande die Bibel lesen und verstehen konnten. In der von Johannes Brenz ausgearbeiteten Schulordnung war vorgesehen, dass die Kinder zunächst in vier Unterrichtsfächern auf das alltägliche Berufsleben vorbereitet werden, wobei der christlichen Erziehung Vorrang eingeräumt wurde. Das Lesen wurde insbesondere im Katechismus und im Neuen Testament nach Martin Luther, im Psalmenbüchlein und im Spruchbüchlein von Salomo und Sirach geübt.

Zum Schreiben benutzte man ein Musterheft mit vorgeschriebenen Buchstaben. Im Memorieren wurde das auswendige Vorsprechen gewisser Teile aus dem Katechismus geübt, wobei man auf eine verständliche Wortdeutung des Textes achtete. Das Singen beschränkte sich auf das Einüben der reformatorischen Lieder, damit sie im Gottesdienst gesungen werden konnten.

Besondere Schulbücher gab es nicht. Im zweiten Drittel des 18. Jahrhunderts kam noch das Fach Rechnen dazu. Ja, es ist richtig, bis 1836 wurden in der Schule nur die Fächer Biblische Geschichte, Lesen, Rechnen, Kopfrechnen und Besprechung und Vorbereitung der Sonntagspredigten behandelt und dabei, das hat der Geschichtsschreiber sicher vergessen, lernten die Kinder auch einen tugendsamen Umgang. Was ist dagegen einzuwenden? Was wäre geworden, wenn die Reformation nicht stattgefunden hätte und die gesellschaftlichen Reformen nicht eingetreten wären? Die Kirche hat ihren Bildungsauftrag erfüllt. Was haben die heutigen Kritiker daran auszusetzen? Mit der Einführung des Württembergischen Schulgesetzes von 1910 wurde die geistliche Schulaufsicht wieder abgeschafft und weiter neue Schulfächer eingeführt.

Auch die katholische Kirche war seit dem Trienter Konzil (1545-1563) bemüht, die religiöse Unterweisung ihrer Gläubigen kontinuierlich auszubauen und zu festigen.

Dazu bedurfte es zunächst der Errichtung von „Pfarr-schulen", die unter der Aufsicht von Ortsgeistlichen zu stehen hatten und von den bürgerlichen Gemeinden soweit wie möglich zu unterhalten waren. Der bedeutendste und aktivste katholische Geistliche der Baar war zu diesem Zeitpunkt Pfarrer Johann Haller aus Sunthausen. Er verfasste im Jahr 1663 eine katholische Schulordnung.

Die Schulmeister

In allen württembergischen Dörfern mussten die Schulen von einem examinierten Dorf-Schulmeister, der im Lesen und Schreiben bewandert sein musste, den Katechismus auswendig beherrschte und der in der Schule und in der Kirche die Choräle gut anstimmen konnte, geführt werden. Es ist denkbar, dass am Anfang nicht jedes Dorf seinen Schulmeister selbst stellen konnte. Mit großer Wahrscheinlichkeit kam der erste Tuninger Schulmeister von auswärts.

Die Tuninger Schulgeschichte begann etwa ums Jahr 1587, was durch die Ersterwähnung des Schulmeisters Johannes (Hans) Glöckler belegt ist. Es ist nicht belegt, aber möglich, dass er zwischen 1561 und 1566 in Weilimdorf als Sohn von Jacob und Anna Glöckler geboren wurde. Wie lange er das Amt des Schulmeisters ausübte, ist nicht bekannt. Er war mit Agnes, geb. Völzer verheiratet.

Ihr Sohn Johannes Glöckler, geboren 1596, besuchte ab 1607/1608 Schulen in Stuttgart, Blaubeuren und Bebenhausen. Nach seinem Studium in Tübingen war Johannes Glöckler Magister und von 1622 bis zu seinem frühen Tod am 29. August 1650 Rektor des Pädagogiums in Stuttgart, welches durch die Große Kirchenordnung 1559 von einer Lateinschule zu einem sechsklassigen Pädagogium erweitert wurde. Der Pädagogarch Glöckler führte diese bedeutende Schule durch die schlimme Zeit der Pest und des Dreißigjährigen Krieges.

In Tuningen übernahmen nach dem erstgenannten Schulmeister bis zum Jahr 1853 nachkommende Mitglieder der Familie Glöckler die Schule, unterbrochen von 1680 bis 1778 durch Mitglieder der Familie Vosseler. Über 266 Jahre hinweg gab es in Tuningen nur zwei Schulmeisterfamilien: Glöckler und Voßeler.

Die Schulmeister waren nicht nur für die Bildung der Kinder zuständig. Für die Erwachsenen war ja der Ablauf der Gottesdienste auch neu. Nun sang die Gemeinde die neuen Choräle in deutscher Sprache, zuvor sang der Pfarrer lateinisch. Zu der Zeit gab es in den meisten Kirchen keine Orgeln. Instrumentale Musik galt in der frühen christlichen Kirche als heidnisch. In Tuningen wurde erstmals 1766 eine Orgel erwähnt, Schulmeister wirkten aber schon seit 1587. Also war das Anstimmen der Lieder durch die Schulmeister über einen Zeitraum von fast 200 Jahren erforderlich.

Anmerkung: Ein Pädagogarch war der Rektor eines Pädagogiums, einer vorwiegend für Knaben eingerichteten Erziehungsanstalt mit sehr hohen Ansprüchen.

Daraus ergab sich, dass sie später auch als Organisten wirkten. Die Schulmeister waren oft auch Mesner. Erst im Jahr 1900 wurden die Organisten- und Mesnerdienste der Schulmeister aufgehoben. Weil die Schulmeister schreiben und lesen konnten, wurden sie oft auch als Schreiber eingesetzt, z. B. als Gerichtsschreiber, oder als Schreiber in der öffentlichen Verwaltung.

Bevor sie Schulmeister wurden, übten sie normale Berufe aus. Sie waren Stricker, Chirurgen (Chirurgus), Zoller, Buchbinder usw. Sicher hatten manche auch, wie fast alle Dorfbewohner, eine mehr oder weniger große Landwirtschaft. Von einem Tuninger Schulmeister ist bekannt, dass er 47 Morgen Wiesen und Äcker bewirtschaftete, sein Revisor (Vertreter, Gehilfe oder Lehrer) hatte zehneinhalb Morgen Land. Der ständige Lehramtsgehilfe Johannes Voßeler verdiente um das Jahr 1800 sein Geld als Organist und nutzte fünf Vierling Wiesen und neun Vierling Ackerland (ein Vierling waren acht Ar).

Je nach Jahreszeit legten die Schulmeister die Unterrichtszeiten fest, im Winter meistens fünf Stunden, im Sommer drei Stunden an jedem Werktag, auch am Samstag. In der Anfangszeit gab es sowieso noch keine Schulpflicht und die Kinder mussten zuhause mithelfen. Die Statistik zeigt bis ins Jahr 1740 stark schwankende Zahlen für den Schulbesuch zwischen Winter- und Sommer. Bis Anfang des 20. Jahrhunderts stand ein Großteil der Schulkinder in einem Arbeitsverhältnis.

Zwischen dem 15. November 1903 und dem 1. November 1904 waren noch mehr als 119 Schulkinder in Lohn beschäftigt, mehr als die Hälfte aller Kinder. Um etwa 1835 bis 1840 wurden die am Vormittag vorgeschriebenen zwei Stunden für die älteren Schüler im Hochsommer morgens von fünf bis sieben Uhr gehalten, damit die Schüler und die Lehrer anschließend in der Landwirtschaft arbeiten konnten. Bis nach dem zweiten Weltkrieg wurden die Schulferien, teilweise auch die Arbeiterferien, nach dem Reifegrad der Feldfrüchte und in Abhängigkeit vom Wetter terminiert.

Die Tuninger Schulgebäude

Am Anfang gab es kein Schulgebäude. Von Schulmeister Christian Voßeler wurde aber berichtet, dass er schon 1716 in einem eigenen Schulgebäude unterrichtete.

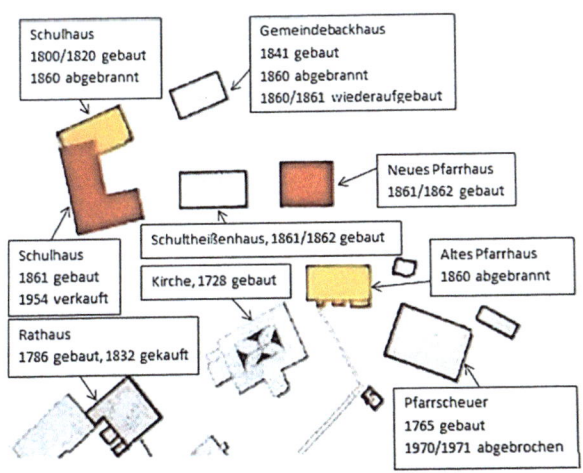

Schulhaus
1800/1820 gebaut
1860 abgebrannt

Gemeindebackhaus
1841 gebaut
1860 abgebrannt
1860/1861 wiederaufgebaut

Neues Pfarrhaus
1861/1862 gebaut

Schultheißenhaus, 1861/1862 gebaut

Schulhaus
1861 gebaut
1954 verkauft

Kirche, 1728 gebaut

Altes Pfarrhaus
1860 abgebrannt

Rathaus
1786 gebaut, 1832 gekauft

Pfarrscheuer
1765 gebaut
1970/1971 abgebrochen

In einem Gerichtsprotokoll von 1718 wurde auch ein seit längerem geordnetes Schulwesen bestätigt. Nach einem Bericht in den Pfarrakten brannte beim ersten großen Brand, am 21. April 1750, dieses Schulgebäude ab. Danach fand der Schulunterricht in einem großen Raum des alten Rathauses in der Amtshausgasse statt. Vermutlich zwischen 1800 und 1820 wurde ein neues Schulhaus auf dem „Platz" gebaut. Nach einer Renovierung und Erweiterung wurde es am 25. November 1833 eingeweiht.

Aber schon beim zweiten großen Tuninger Brand, am 23. August 1860, brannte die Schule erneut ab. In aller Eile wurde das ebenfalls abgebrannte frühere Gemeindebackhaus, heute Kirchstraße 1, mit einem vorläufigen Schulraum wieder aufgebaut. Ein weiterer Schulraum wurde vorübergehend auf der Bühne des neuen Rathauses neben der Kirche eingerichtet.

Das neu errichtete Schulgebäude entstand 1861 als Winkelbau und nicht genau auf dem gleichen Platz des alten Hauses. Es enthielt vier Klassenräume, wovon einer zuerst als Bürgersaal benutzt wurde, außerdem zwei Lehrerwohnungen.

Die „Abortanlage" (Toilette) wurde jedoch zu klein und nicht zufriedenstellend ausgestattet, weshalb 1907 ein neues freistehendes Abortgebäude gebaut wurde. Das Schulgebäude selbst war für seine Zeit sehr modern und großzügig und wurde allseits gelobt.

Als um das Jahr 1910 Räume für den Hauswirtschaftsun-
terricht und eine Schulküche benötigt wurden, baute die
Gemeinde im Jahr 1911 ein Lehrerwohnhaus

in der Trossinger Straße (heute Trossinger Straße 1) und
baute die untere Wohnung im Schulhaus für die Zwecke
des Hauswirtschaftsunterrichts aus. Im Jahr 1953 wurde
in der Bachstraße ein Doppelhaus gebaut, wovon eine
Hälfte ebenfalls als Lehrerwohnung diente. Inzwischen
verkaufte die Gemeinde die Lehrerhäuser wieder.

Das ersetzte Schulgebäude von 1861 wurde 1954 an die
Spar- und Darlehenskasse, heute Volksbank, verkauft.
Das separate „Abortgebäude" (Toilettenhaus) wurde
abgebrochen. Mit einem großen dreitägigen Gemeinde-
fest, vom 4. bis 6. Juni wurde die jetzige Schule, zusammen mit der Festhalle, damals noch als Turn- und Festhalle, eingeweiht.

Die Winterabendschule

Durch eine örtliche Initiative wurde schon 1856 eine Winterabendschule eingeführt. Schulmeister Fuß erteilte Unterricht in Aufsatz und Rechtschreiben, Lehrgehilfe Bender gab am Sonntagnachmittag Unterricht in Zeichnen und Schultheiß Hauser in den praktischen Fächern Schweine- und Bienenzucht. Seine Tochter Brigitta erteilte 1881/1882 hauswirtschaftlichen Arbeitsunterricht für junge Mädchen in Stricken, Häckeln, Nähen, Flicken, Spinnen und Waschen.

Hans, das Genie ohne Bildung

Er war der Sohn eines einfachen Feldmessers, geboren am 29. Juli 1788 in Tuningen, und er wurde als Simpler verspottet. Johannes (Hans) Erchinger fand in seinem Heimatort keine Anerkennung. Er war ein Sonderling, hatte kranke Augen und saß immer zu Hause herum. Man sagte über ihn, er sei zu nichts zu gebrauchen.

Als Knabe mit sieben Jahren lernte er das Rechnen mit zwölf Bohnen, die ihm seine Mutter schenkte. Weil ihm später die Mutter keine weiteren Bohnen gab, sah er sich zum Kopfrechnen gezwungen.

Über Hans, den Schnellrechner von Tuningen, schrieb am 2. Januar 1811 das Morgenblatt für gebildete Stände: „Von zarter Kindheit an fand er eine eigene Freude am Rechnen und brachte es darin, ohne weitere Anleitung als die sehr dürftige des Lehrers seines Ortes, zu einer so bewunderungswürdigen Fertigkeit, dass er die schwersten und verwickeltsten arithmetischen Aufgaben in einer unglaublich kurzen Zeit, und mit der größten Leichtigkeit auflöst, und zwar auf einem eigenen selbsterfundenen Wege durch Anschauung." Das Morgenblatt vermutete, dass Johannes Erchinger wahrscheinlich das größte damals lebende mathematische Genie sei und bemerkte, dass er „ohne alle Bildung und der Sprache wenig mächtig" sei. „Aber er könne Rechenschaft von seinen Verfahren geben und seine Urteile zeigen unwidersprechlich, dass es bei ihm nicht eine bloße Mechanik sei."

Als Hans einmal gefragt wurde, wann denn im nächsten Jahr Ostern sei, suchte er alte Kalender zusammen und fand die Gesetzmäßigkeit, nach der er, wenn er den Geburtstag einer Person wusste, dieser sofort sagen konnte, an welchem Wochentag sie geboren war und wie viel Minuten und Sekunden sie schon gelebt hatte. Der erste König von Württemberg, Friedrich I. (1806-1816), bekam Kenntnis von dem besonders begabten Rechenkünstler, als dieser schon 22 Jahre alt war. Friedrich I. war vom schnellen Berechnen des Wochentages und der Stunde seiner Geburt erstaunt und übergab Hans dem bekannten Tübinger Professor für Mathematik, Physik und Astronomie Johann Gottlieb Friedrich Bohnenberger, der heute als Begründer der Landvermessung in Württemberg gilt. Hans Erchinger wurde durch die königliche Großmut in allem frei gehalten, anständig gekleidet und erhielt ein besonderes Taschengeld.

Der während der Schuljahre von Hans in Tuningen wirkende Pfarrer, Magister Georg Friedrich Baumeister, dem die örtliche Schulaufsicht oblag, erhielt deshalb einen königlichen Verweis, weil er „ein solches Genie nicht ans Licht gezogen" habe.

Es ist anzunehmen, dass auch der damalige Schulmeister Johann Philipp Glöckler ein Stück von der Rüge abbekam. Schon der Vater des vom König gescholtenen Pfarrers war Pfarrer in Tuningen. Er gründete die erwähnte Schulstiftung.

Ganz anders verlief die Entwicklung des in Göttingen geborenen, um elf Jahre älteren und später weltbekannten Wissenschaftlers Carl Friedrich Gauß. Seine besonderen mathematischen Fähigkeiten wurden früh erkannt. Mit 14 Jahren wurde der Wunderknabe dem Herzog Karl Wilhelm Ferdinand von Braunschweig bekanntgemacht. Auch Gauß erhielt finanzielle Unterstützung, dort durch den Herzog. Gauß konnte studieren und wurde durch seine Lehrer gefördert. Bereits im Alter von 18 Jahren gelang es ihm, die Konstruierbarkeit des regelmäßigen Siebzehnecks (Heptadekagon) zu beweisen. Eine Konstruktionsanleitung schrieb Gauß aber nicht. Mit 22 Jahren wurde er promoviert und mit 30 Jahren war er Professor.

Auch Johannes Erchinger beschäftigte sich mit der Konstruktion von regelmäßigen Vielecken aus Primzahlen und mit der Teilbarkeit von solchen.

Im Jahr 1825 stellte Erchinger seine „Konstruktionsanleitung für das regelmäßige Siebzehneck in 64 Schritten" der Gesellschaft der Wissenschaft zu Göttingen, heute Akademie der Wissenschaft, vor. Die praktische Umsetzung der Konstruktion des regelmäßigen Siebzehnecks erbrachte damit Erchinger, nicht Professor Gauß. Gauß setzte sich in seinen „Göttinger Notizen der königlichen Gesellschaft der Wissenschaft" am 19. Dezember 1825 ausführlich mit der Veröffentlichung des Herrn Erchinger auseinander.

Darin hieß es, „der wahre Vorzug des Herrn Erchinger liege nicht in der Formulierung der Ausführung, für deren Analyse schon die einfachste Methode ausgereicht hätte, sondern in der Genauigkeit seiner fehlerfreien geometrischen Grundlage, die mit einer vorbildlichen, mühevollen Sorgfalt erfolgte und von einer außerordentlichen mathematischen Begabung zeuge".

Als im Jahr 1816, also schon vor der Veröffentlichung der Konstruktionsanleitung, der großmütige Unterstützer von Hans Erchinger, König Friedrich I., verstorben war, wurde Johannes Erchinger Lehrer am Lyzeum in Tübingen. Den „Heidelberger Jahrbücher[n] der Literatur", Jahrgang 1820, ist zu entnehmen, dass „Herr Erchinger, Lehrer der Mathematik am Lyzeum zu Tübingen, einem von der Natur ausgezeichneten mathematischen Kopf, der vor wenigen Jahren noch ein Bauer war, und durch seine unglaubliche Fertigkeit im Kopfrechnen allgemein Erstaunen und die Aufmerksamkeit des verstorbenen Königs von Württemberg erregte."

Der deutsche Physiker, Geodät und Publizist Johann Friedrich Benzenberg schrieb über Erchinger am 17. Dezember 1810 in Heidelberg: „Solche Köpfe sind ein Schatz für die Wissenschaften, weil sie überall eigene Wege gehen, und die gewohnten verlassen, auf denen die gelehrten Institute wandeln. Diese finden oft etwas, worauf eine Akademie in einem ganzen Jahrhundert nicht kommt."

Das Lehramt war allerdings nicht die passende Aufgabe für Hans Erchinger. Die amtliche Eintragung über seine Entlassung lautete: „Entfernung des seit dem Jahr 1818 mit dem arithmetischen und geometrischen Unterricht am Lyzeum in Tübingen beauftragten Mathematikers Johann Erchinger von Tuningen wegen gänzlicher Unbrauchbarkeit zu einem Lehramt unter Bewilligung eines jährlichen Gnadengehalts von 120 fl für sechs Jahre."

Kurz nach Ablauf der Frist für das Gnadengehalt verstarb der von der Natur begabte Mathematiker krankheitsbedingt und als armer Mann im 41. Lebensjahr in seinem Heimatort Tuningen. Beide, Gauß und Erchinger, hatten von Kindheit an eine herausragende mathematische Fähigkeit, beide wurden von ihrem Landesherrn gefördert, beide arbeiteten zeitweise, aber zeitversetzt an der gleichen wissenschaftlichen Aufgabe, doch einer wurde berühmt und der andere endete in der Katastrophe.

Anmerkung: fl ist die Abkürzung für Gulden

Der Feldmesser Johann Jacob Erchinger

König Wilhelm I. von Württemberg ordnete am 25. Mai 1818 die Landvermessung in Württemberg an und beauftragte Professor Johann Gottlieb Friedrich Bohnenberger von Tübingen mit der wissenschaftlichen Leitung des Projektes. Professor Bohnenberger hatte schon seit 1795 Erfahrungen durch die privat durchgeführte topografische Landesaufnahme von Südwestdeutschland, durch die Charte von Schwaben. Er gilt als der Gründer der Landvermessung in Württemberg.

Der im Jahr 1751 in Tuningen geborene Feldmesser Johann Jacob Erchinger, Vater des Rechenkünstlers und Schnellrechners Johannes (Hans) Erchinger, erstellte im Jahr 1808 im Vorfeld der Landvermessung und zur Klärung der Grenzsituation zwischen Württemberg und Baden, die bemerkenswerte Handzeichnung „Gegend von Sunthausen und den darum liegenden in- und ausländischen Ortschaften". Die interessante historische Zeichnung kann hier leider nicht dargestellt werden. Sie ist aber über das Internet beim Hauptstaatsarchiv Stuttgart abrufbar.

Der evangelische Kindergarten in Tuningen

Auszüge aus einem Bericht von Erich Klamert

Zweieinhalb Jahre nach dem Großbrand vom 23. August 1860, bei dem von 224 Haupt- und Nebengebäuden 112 Objekte total abbrannten, wurde trotz enormer Schwierigkeiten in Bezug auf die finanziellen Entschädigungen beim Wiederaufbau unseres Dorfes mit Datum vom 1. November 1863 hinsichtlich der christlichen Kleinkindererziehung die richtigen Weichen für deren Zukunft gestellt.

Die Kleinkinderpflegerinnen

Die gemeinsamen Anstrengungen zu diesem Vorhaben, lange in den kirchlichen und bürgerlichen Gremien mit Pfarrer Karl Gottlieb Schlager (1857-1882) und Schultheiß Jakob Hauser (1848-1871) an der Spitze diskutiert, gipfelten in der Anstellung der ersten Kleinkinderpflegerin Ernestine Hauf (1. November 1863-30. April 1878) aus dem Mutterhaus für Kinderpflege in Nonnenweiher. Sie und ihre ersten Nachfolgerinnen hatten ihre Dienstwohnung im Rathaus, während die große zu beaufsichtigende Kinderschar im neu erbauten Schulgebäude auf dem Platz kindgerecht betreut wurde.

Die „Thuninger Kleinkinderbewahranstalt", wie sie zu Beginn ihrer Geschichte hieß, erhielt wie viele gleichgestellte Institutionen von den württembergischen Königinnen Olga (1883-1891) und Charlotte (1893-1895) jährliche Zuwendungen in Höhe von 20 bis 60 Mark, für damalige Verhältnisse viel Geld.

In der Amtszeit von Pfarrer Karl Jakob Göhner (1896-1903), der teilweise in den Amtsgeschäften von seinem Sohn Vikar Alfred Göhner vertreten wurde, und Schultheiß Jakob Schaible (1880-1902) wurde das bisherige Dienstverhältnis mit Nonnenweiher einvernehmlich aufgelöst.

Mit Datum vom 1. Mai 1901 kam die erste Kinderschwester Maria Hummel aus dem Mutterhaus für evangelische Kleinkinderpflegerinnen in Großheppach, der bis 1966 weitere sechs Schwestern nachfolgten.

Diakonisse Agnes Lohrer
Kinderschwester
ab 1. November 1901-1907

Diakonisse Luise Fenchel
Kinderschwester
1907-1935

**Einige Lehrbeispiele aus der Schaffensperiode von
Luise Fenchel in den Jahren 1907-1935:**

Bei schönem Wetter durften die Kinder in den nahen
Pfarrgarten, um dort unter Aufsicht im Sandkasten zu
spielen, wobei das Ausgelassensein und Herumtoben in
freier Natur dazu gehörten.

War ein Spaziergang durchs Dorf angesagt, so führte sie
ihre 65-110 Kinder an einem langen Seil, an dessen zahl-
reichen Schlaufen sich die Kinder festhalten mussten,
um nicht verloren zu gehen.

Nachmittags sollten die Kinder an ihren gewohnten
Plätzen sitzend den Kopf auf die harte Tischplatte le-
gend schlafen. Dieses strenge Muss, von vielen quirl-
lebendigen Kindern oft ignoriert, führte schließlich dazu,
dass die gestrenge Kinderschwester den lautesten
Schwätzern den Mund mit einem diagonal aufgelegten

Papierstreifen, der mit Leim bestrichen war, zuklebte. Dann war für eine kurze Zeit Ruhe.

Mit Datum der Beschlussfassung vom 25. November 1909 und dem feierlichen Einzug der Kindergartenkinder am 11. April 1911 in ihr neues Zuhause in der Kirchstraße 1 wurde eine bisher erfolgreiche Epoche mit den Schwestern von Nonnenweiher und Großheppach fortgesetzt.

Anstoß zu diesem Vorhaben war die Tatsache, dass mit der Errichtung einer vierten Schulklasse diese den Unterrichtsraum benötigte, den seit 1863 die Kleinkinderbewahranstalt benutzte. Dadurch wurde der von Oberamtsbaumeister Riekert entwickelte Plan, die seitherige Backküche als neues Lokal der Kleinkinderbewahranstalt auszustatten, verwirklicht. Außerdem wurden zwei Wohnungen, eine für die Kinderschwester und eine für die ab 17. Februar 1919 hinzukommende Gemeindekrankenschwester, Diakonisse Marie Bulling, eingebaut.

Mit der politisch bedingten Abwesenheit der evangelischen Kleinkinderpflegerinnen aus Großheppach vom Herbst 1941 bis 31. Mai 1946 hatte es folgende Bewandtnis: Dass erst acht Jahre nach der Machtergreifung Adolf Hitlers die NSV-Kindergärtnerinnen Liesl Riss und Hannelore Rehfeld (1941-1945) in Tuningen die kindliche Erziehung nach nationalsozialistischem Gedankengut übernahmen, ist wohl ausschließlich Dekan Manfred Ebbinghaus und Bürgermeister Hugo Staiger zu verdanken, die sich bewusst gegenüber dem hiesigen NSDAP-Ortsgruppenleiter durchzusetzen verstanden.

Der neue evangelische Kindergarten

Als es nach dem Krieg und nach der Währungsreform wirtschaftlich wieder aufwärts ging, war das natürliche Verlangen der hiesigen evangelischen Kirchengemeinde nach einem neuen ausbaufähigen Kindergarten, auch an der Anzahl der zu betreuenden Kinder ausgelegt, sehr hoch. Unter den Ortspfarrern Georg Haas (1953-1969) und Christoph Dinkelaker (1969-1973) wurden gemeinsam mit den Kirchengemeinderäten, dem Dekanat und dem Oberkirchenrat sowie Bürgermeister Willi Klein (1956-1984) und den bürgerlichen Gremien die Neubauplanung samt Raumprogramm kontrovers diskutiert und am Schluss als baureif abgesegnet. Auf dem Gelände der ehemaligen Pfarrscheuer entstanden im Untergeschoss ein zweizügiger Kindergarten mit ca. 280 m² Nutzfläche und im Obergeschoss Jugend- und Gemeinderäume sowie eine Wohnung für eine Erzieherin.

Mit einem Festgottesdienst in der evangelischen Pfarrkirche, am 23. Juli 1972, im Beisein von Dekan John und weiterer Ehrengäste, wurde der Neubau seiner Bestimmung übergeben. Vorbei war nun der tägliche Holz- und Kohlentransport von einem Haus zum anderen, desgleichen die tägliche Raumpflege durch die Kindergärtnerinnen selbst. Groß war ihre Freude über den neuen, so hellräumigen Kindergarten, der erstmalig das Wort „Sozialpädagogik" im praktischen Bereich annähernd erfüllte.

Der katholische Kindergarten

Bericht von Erich Klamert

Neben dem evangelischen Kindergarten gab es vom 13. Oktober 1974 bis Juli 2005 an der St. Annakirche den katholischen Kindergarten, der zunächst mit einer Gruppe von 26 Kindern geführt wurde. Mit Datum vom 22. August 1989 wurde die zweite Gruppe mit 17 Kindern eröffnet, sodass die vorhandenen Fehlplätze im Ort legalisiert wurden. Am 8. Januar 1996 konnte die von der bürgerlichen Gemeinde renovierte Wohnung im katholischen Kindergarten nachträglich mit einer zehnköpfigen Kinderschar belegt werden.

Die bereits seit einigen Jahren anstehende Renovierung des Kindergartens, die weder von der St. Anna-Gemeinde noch vom bischöflichen Ordinariat geschultert werden konnte, ergab nur die Schließung des katholischen Kindergartens als einzige Alternative.

Der Heustadl-Kindergarten

Bericht von Erich Klamert

Nachdem der Gesetzgeber den Kindergartenanspruch ab dem vollendeten dritten Lebensjahr festgeschrieben hatte und sowohl die evangelische wie auch die katholische Kirchengemeinde aus rein finanziellen Gründen die Erweiterung ihres Kindergartens abgelehnt hatten, mussten Bürgermeister Klumpp und sein Gemeinderat andere Initiativen fassen.

Aus diesem Suchlauf entstand letztlich der neue kommunale „Heustadl-Kindergarten" in der Schulstraße 8, in der Nachbarschaft von Schule und Festhalle. Dessen Einweihung am 14. Dezember 1997 zählte zu den Höhepunkten des Jubiläumsjahres „1200 Jahre Tuningen".

Das Familienzentrum

Nachdem der Gesetzgeber als neues Votum Kinderkrippenplätze als Steigerung des vorherigen angemahnt hatte, entschlossen sich die bürgerlichen Gremien im hinteren Gartenteil von Schulstraße 8, mit Hilfe eines Staatszuschusses, das neue „Familienzentrum" zu errichten. Der Start der ersten Kinderkrippe war bereits am 13. Oktober 2008, der Start der zweiten Kinderkrippe am 1. September 2009. Am 24. Februar 2010 konnte der ganz in Rot gehaltene Neubau des „Familienzentrums" eröffnet werden. Bereits seit 1. Januar 2010 war die Fachwirtin für Erziehung und Soziales, Ruth Greitmann, zur Leitung des kommunalen Unternehmens gewählt worden.

Wie gut war die gute alte Zeit?

Die unglaublich rasante Entwicklung in den letzten 50 Jahren macht es den modernen Menschen von heute fast unmöglich, die Lebensverhältnisse ihrer Vorfahren zu begreifen.

Die Straßen waren geschotterte Wege. Es gab keine Wasserleitung, keine Abwasserleitung, kein Spülklosett, kein Bad, kein Auto, kein elektrisches Licht, kein Telefon und auch kein Internet. Das Wasser holte man am Brunnen, derer es im Jahr 1879 in Tuningen noch 74 gab. In den vielfach kleinen Hütten lebten nicht selten mehrere Generationen zusammen. Ein Elternpaar hatte oft zehn bis fünfzehn Kinder. Zwei oder drei Kinder teilten sich ein Nachtlager unter dem Dach und ein Strohsack als Zudecke. Die Häuser waren noch mit Schindeln gedeckt, was sich in einem Brandfall für das Dorf verheerend auswirkte. Beim großen Brand vom 23. August 1860, dem das halbe Dorf Tuningen zum Opfer fiel, brannten 95 Hauptgebäude und 17 Nebengebäude ab und 952 Personen wurden obdachlos. Nach diesem Brand herrschte unsagbare Not in Tuningen. Die Chronik berichtet: „Die Hälfte der Einwohner stand vor dem Nichts: kein Obdach, kein Bett, kein Essen, kein Vieh, keine Haus- und Ackergeräte, - nur noch das, was sie auf dem Leibe trugen, das hatten sie gerettet. Nur drei Einwohner waren mobiliarversichert, die Übrigen waren, weil ihre Häuser Schindeldächer hatten, aus den Listen gestrichen worden." [3] Schultheiß Hauser (1848-1871) berichtete: „Der Jammer war groß und ist keine Feder imstande, denselben zu beschreiben, wie er wirklich war.

Unter Weinen und Klagen, Wehklagen und Händeringen sah man der künftigen Nacht entgegen." [4)]

Dazu einige Verse eines unbekannten Verfassers [5)]:

Welch ein Lärm und welch Getümmel:
Auf den Straßen weit und breit,
rot wie Blut färbt sich der Himmel
noch bei heller Tageszeit.
Und ich kam vors Ort geschritten,
niemals hatt` ich`s so gesehn:
Alles floh mit scheuen Tritten,
um dem Feuer zu entgehen.

Alles musst` der Flamm entfliehen,
Greis, Kinder, Mann und Weib,
unterm freien Himmel ziehen,
nichts als noch das Kleid am Leib!
Auf die Felder, Wald und Triften
goss sich Feuerregen aus.
Funkelnd zischt es in den Lüften,
anzusehen war`s ein Graus!

Welche jammervolle Klage
tönte von der Brandstatt her.
Denn an einem einzigen Tage
sah man`s halbe Dorf nicht mehr.
Nichts, als noch die schwarzen Mauern
eingestürzt ganz öd und stumm,
und ein menschliches Bedauern
blickt noch nach dem Schutt sich um.

Wohin jetzt im Winter ziehen?
Dieser mehrte noch die Not.
Mütter weinten, Kinder schrien:
Gebt uns Decken! Gebt uns Brot!
Und man brachte Brot und Kleider,
Geld und mancherlei zumal,
aber dieses reichte leider
nicht für die zu große Zahl.

Viele Christenbrüder haben
wohl die Ärmsten unterstützt
und durch ihre Mitleidsgaben
und durch Obdach sie geschützt.
Solche Gab` ist nicht vergebens,
die man spendet in der Not,
denn sie kommt ins Buch des Lebens.
Der Vergelter heißet Gott.

Kaum ein Sommer ist vergangen,
und ein Dorf steht wieder da.
Schöne Häuser sieht man prangen,
wie man sie zuvor nie sah:
Schöne lange, breite Gassen
dehnen sich das Dorf entlang,
die aufs angenehmste passen,
so zum Fahren wie zum Gehn.

[3] *Auf Seite 65 und* [4] *auf Seite 66: Nach der alten Ortschronik und aus der Broschüre zum 1. Tuninger Dorffest am 7. und 8. September 1985 Seite 59 bzw. Seite 61*
[5] *Aus der Broschüre zum 1. Tuninger Dorffest am 7. und 8. September 1985 Seite 71 – 74.*

Und diese verheerende Brandkatastrophe war nicht die erste. Bereits am 21. April 1750 wurden innerhalb einer halben Stunde 54 Häuser mit 85 Haushalten eingeäschert. 20 Personen wurden an Leib beschädigt, ein Kleinkind verbrannte. Die wenigen Berichte aus dieser Zeit zeichnen ein erschütterndes Bild. In den 110 Jahren zwischen diesen beiden Großbränden brannte es oft. Allein zwischen 1839 und 1859 gingen 17 Gebäude in Flammen auf.

Die Napoleonischen Kriege (1792-1815), eine Kriegszeit mit Einquartierungen, Plünderungen, Abgaben, Beschlagnahmungen und Gewalttätigkeiten, ließen die Tuninger Bevölkerung zwischen 1796 und 1810 verarmen. Der Alkohol brachte zudem viele Familien in Notlagen. Die Rinderpest raffte von 900 Stück Vieh 800 weg. Im Jahr 1845 und besonders stark im Jahr 1847 trat in Tuningen die Kartoffelkrankheit, die Trockenfäule, auf. Arme Einwohner mussten unterstützt werden und es gab viele Schuldklagen und Zwangsversteigerungen. 1848 folgte dann das unruhige Revolutionsjahr.

Nach der verheerenden Katastrophe im Jahr 1860 wanderten viele Tuninger aus. Sie sahen keine Hoffnung für ihr Leben im Heimatland. Jedoch es kam Hilfe aus dem ganzen Land. Die Chronik berichtet darüber: „Aber auch bald durften wir erfahren, dass der Herr es ist, der wieder hilft. Mitleidige Herzen wurden in nah und fern wieder geöffnet, um der Not zu steuern." [6]

[6] *Nach der alten Ortschronik und aus der Broschüre zum 1. Tuninger Dorffest am 7. und 8. September 1985 Seite 64*

Vor dem Rathaus, das die Katastrophe überstand, wurde in einem großen Kessel Suppe für die Bedürftigen gekocht. In der Kirche, die nicht abbrannte, lagerte man die im ganzen Land gesammelten Hilfslieferungen. Der Plan für den Wiederaufbau ermöglichte eine Neukonzeption der Straßenführungen und des Ortsbildes im abgebrannten Teil des Dorfes. Es entstand ein neues Dorfbild mit neuen Häusern und einer breiten geraden Ortsdurchfahrt. Bereits in den ersten beiden Folgejahren konnten die meisten Häuser mit erstaunlicher Tatkraft neu aufgebaut werden. Nur einmal, beim Gasthof „Bären", soll das aufgeschlagene Gebäude mit großem Krach eingestürzt sein. So oft ein Gebäude aufgerichtet war, wurde ein Gottesdienst abgehalten. Das schlimme Ereignis von 1860 hinterließ seine Spuren und wurde zum historischen Datum in der Ortsgeschichte.

Nach 1860 kam es in Tuningen zu einer jahrzehntelang anhaltenden geistlichen Erweckung, die sich bis heute auswirkt. Zuerst bildete sich um 1860 die „Hahn'sche Gemeinschaft". Ab 1879 versammelte sich eine Gruppe, aus der später die „Evangelische Gemeinschaft" entstand, die sich 1968 mit der Methodistenkirche vereinigte. Im Jahr 1889 bildet sich die „Pietistische Gemeinschaft", heute „Die Apis". Ab 1899 arbeitete eine Gruppe des Blauen Kreuzes in Tuningen.

In dieser Zeit begann in unserer Gegend auch die Industrialisierung und am 10. November 1890 wurde die für Tuningen wichtige Haltestelle Mühlhausen der Königlich Württembergischen Eisenbahn in Betrieb genommen.

Aber noch gab es kein elektrisches Licht. In den Jahren 1898/1899 wurden eine Straßenbeleuchtung mit Petroleumlampen eingerichtet, die Schotterstraßen gewalzt, Kandeln angelegt, Holzbrücken, die über die beiden Dorfbäche führten, durch solche aus Beton und Stahl ersetzt. 1903 berichtete der Chronist von einer „andauernden Zunahme des Wohlstandes"[7].

Als die Evangelischen von Sunthausen ihre Verstorbenen nach Tuningen trugen.

Sunthausen gehörte seit 1321 zum Besitz der Herren von Fürstenberg. Graf Heinrich IV. von Fürstenberg schenkte im Jahr 1372 seiner zweiten Frau das halbe Dorf. Heinrich starb im Jahr 1408 seine zweite Ehefrau Sophie von Zollern nach 1427. Durch Erbe kam der Zollern-Teil von Sunthausen zu Württemberg und wurde durch die Reformation evangelisch. Ab 1624 gehörten die evangelischen Bewohner von Sunthausen zur Pfarrei Tuningen. In der Kirche von Tuningen waren für sie vier Bankreihen auf der Westempore reserviert. Erst im Jahr 1871 wurden sie dem Kirchspiel Oberbaldingen zugewiesen. Der Friedhof war in jedem Dorf rings um die Kirche angeordnet, deshalb auch Kirchhof genannt.

Die Kirche in Sunthausen war katholisch, die in Tuningen evangelisch. Die Evangelischen aus Sunthausen mussten ihre Toten folglich in Tuningen beerdigen. Es war damals nicht nur eine Sitte, dass man die Verstorbenen durchs Dorf zum Friedhof trug. Es ging um die letzte Ehre, die man den Verstorbenen entgegenbrachte.

[7] *Nach der alten Ortschronik*

Einen Leichenwagen, der von zwei Pferden gezogen wurde, gab es in Tuningen erstmals im Jahr 1897. Die erste Aussegnungshalle baute die Gemeinde 1953. Zuvor holte die ganze Trauergemeinde die Verstorbenen zur Beerdigung am Trauerhaus ab. Aus jedem Haus nahm mindestens eine Person teil und begleitete den Leichenzug durch die Hauptstraßen des Dorfes zum Friedhof. Die Trauerfeier fand in der Kirche statt.

Für den langen Weg von Sunthausen zum Friedhof nach Tuningen benötigte man 16 Träger, die abwechselnd die schwere Last trugen. Besonders im Sommer, wenn sich die hohen Temperaturen und der Verwesungsgeruch belastend bemerkbar machten, standen mehrere Posten am Weg, Frauen die den Trägern zur Vermeidung von Übelkeit und Erbrechen stark riechende Mittel reichten. Erst als 1840 der neue Friedhof von Sunthausen, an der Straße nach Tuningen, angelegt war, bekamen die evangelischen Bewohner von Sunthausen die Möglichkeit, ihre Toten dort, in einem separaten Feld, zu beerdigen. In Tuningen wurde dann 1843, ebenfalls außerhalb des Dorfes, in Verlängerung des Vogtsjockengäßle, heute Friedhofstraße, ein neuer Friedhof angelegt. Heute umschließt das Dorf diesen Friedhof. Die Gräber der Sunthauser evangelischen Gemeindeglieder gab es also nur auf dem alten Tuninger Friedhof bei der Kirche.

Zeichen des Wachstums

Durch die vorgesehene Bebauung des Erschließungsgebietes „Eckritt" in Tuningen und durch mehrere private Baumaßnahmen, wird Tuningen in den nächsten Jahren wieder erheblich wachsen. Das Wachstum einer Kommune wird normalerweise mit der Zunahme ihrer Einwohnerzahl beschrieben. Die Einwohnerzahl gleicht sich jedoch oft sehr schnell an die Lebensbedingungen der Bewohner an. Hungersnöte, Kriege, Feuersbrünste wirkten sich in der Geschichte von Tuningen schnell auf die Zahl der Einwohner aus. Veränderungen in der Infrastruktur hatten Einfluss auf den Wohnplatz der Menschen. Die Einwohnerzahl ist also nicht unbedingt die einzige Einflussgröße, die das qualitative Wachstum einer Kommune zeigt. Tuningen ist aber für seine moderne und fortschrittliche Infrastruktur bekannt.

Im nachfolgenden Beitrag wird versucht, das Wachstum von Tuningen anhand des Bestandes an Häusern darzustellen, wobei sich hauptsächlich die zwei Großbrände von 1750 und 1860 auf die Einwohnerzahlen auswirkten, aber auch auf den Bestand der Häuser. Im Jahr 1839, also im Zeitraum zwischen den beiden Brandkatastrophen, standen in Tuningen nach Berichten in den Tuttlinger Heimatblättern zusammen 232 Gebäude. Im Jahr 2015 hatte der Ort nach Angabe des Statistischen Landesamtes Baden-Württemberg 882 Häuser mit 1342 Wohnungen. Das entspricht einer Steigerung von 280 % in 176 Jahren.

Im gleichen Zeitraum nahm die Bevölkerung um 1037 Personen zu, was annähernd 55 % entspricht. In den letzten 20 Jahren, zwischen 1995 und 2015, erhöhte sich die Zahl der Wohngebäude von 712 auf 882, das sind fast 24%. Bei dieser Betrachtungsweise darf allerdings der erhebliche Wandel in der Bevölkerungsstruktur nicht vernachlässigt werden.

Zwischen 1839 und 2015 hat sich Tuningen vom reinen Bauerndorf zunächst zur Arbeiterwohngemeinde und schließlich zu einem kleinen Industriestandort entwickelt. Im neuen Baugebiet „Eckritt" sind 80 weitere Einfamilienhäuser vorgesehen, etwa so viele, wie es noch alte Gebäude mit einer Grundsubstanz von 160 Jahren gibt.

Diese leerstehenden Häuser gehören zu den ältesten im Dorf. Im Jahr 1960 wurde das Schindeldach des hinteren Hauses durch ein Ziegeldach ersetzt.

Häuser mit historischer Bedeutung kann Tuningen kaum aufweisen. Die ältesten Häuser, deren Grundsubstanz zwischen 330 und 360 Jahre alt ist, finden wir südlich vom Gasthaus Kreuz, bis zur Brücke in der Sunthauser Straße und westlich davon, mit den ersten Häusern der Dengenstraße. Auch im Hasenloch und oben in der Staigstraße stehen noch Häuser der Baujahre zwischen 1650 und 1700. Alle diese Gebäude wurden aber in ihrer Bestandszeit erheblich umgebaut und renoviert, so dass die Grundsubstanz meistens nicht mehr in Erscheinung tritt.

Zu den ganz alten Gebäuden im Dorf gehört auch der Kirchturm, der jedoch bezüglich des tatsächlichen Baujahrs ein Rätsel aufgibt. Das am Turm angebrachte Baujahr 1686 muss aus verschiedenen Gründen angezweifelt werden. Vermutlich ist der wuchtige Turm viel älter und war ursprünglich auch höher. Er wurde 1728 beim Bau der Kirche, deren Außenmauern noch die der heutigen Kirche sind, von der kleineren Vorgängerkirche übernommen. Es ist nicht anzunehmen, dass die kleinere Kirche von vor 1728 einen so großen Turm hatte.

Das heutige Rathaus wurde 1786 von dem Geschäftsmann Johann Jakob Held erbaut. Die Gemeinde Tuningen kaufte das frühere Geschäftshaus im September 1832 samt Scheuer.

Wachstum ist immer auch mit Veränderung verbunden. Die heute noch sichtbaren Veränderungen begannen in Tuningen mit zwei Brandkatastrophen, die von 1750 und die von 1860, als jeweils das halbe Dorf abbrannte und unsagbare Not über die Tuninger Bewohner kam. Damals begann man mit der Neuausrichtung des Dorfes. Man verzichtete auf die frühere enge Bauweise, legte neue, breite und gerade Straßen an, verwendete mehr Steine beim Bau der Häuser und mied die Schindeldächer. Das wirkte der Brandgefahr entgegen und ermöglicht heute eine großzügige und zeitgemäße Planung bei der Verkehrsberuhigung der Kalkhofstraße.

Die ab 1860 festgestellte geistliche Erneuerung brachte in verschiedenen Lebensbereichen bedeutende Veränderungen. Hier muss beispielhaft das zuvor große Alkoholproblem im Dorf genannt werden. Ab 1860 erfolgte in Tuningen ein Umdenken in vielerlei Dingen. Ein wahrhaft historisches Datum in der Tuninger Ortsgeschichte! Dazu kam noch die bald einsetzende Industrialisierung.

Bereits im Jahr 1903 protokollierte der Chronist „Andauernde Zunahme des Wohlstandes." [8] Das war, als man teilweise entlang der Wege im Dorf Kandeln anlegte und die Schotterpisten walzte, als man die vorherigen Holzbrücken über die Bäche in Beton und mit Eisen ausführte, und es war vor den beiden verheerenden Weltkriegen und vor den wirtschaftlichen Notzeiten der Arbeitslosigkeit und der Geldentwertung.

[8] *Nach der alten Ortschronik*

Es gab immer noch keinen elektrischen Strom, keine Wasser- und Abwasserleitungen und 1908 hatten in Tuningen gerade mal acht Geschäftsleute ein Telefon. Bis 1925 fuhr die Postkutsche, eine Pferdepost. Und die Dampfstraßenwalze, die 1914 die heutige Bergstraße nur abwärts walzen konnte, weil sie zu steil war, kann man höchstens noch in einem Museum besichtigen. Aber um 1860 begann die andauernde Zunahme des Wohlstandes, den wir heute genießen.

Elektrisches Licht in Tuningen

Die im 19. und anfangs des 20. Jahrhunderts noch üblichen Petroleumlampen brachten eine spärliche Beleuchtung in die Häuser. Noch in den Jahren 1898 und 1899 kaufte die Gemeinde Tuningen ihre vermutlich ersten Petroleum-Straßenlampen von Trossingen. Es ist nicht bekannt, dass es zuvor in Tuningen eine Straßenbeleuchtung gab. Erst am 6. April 1912 wurde der Gemeindeverband "Elektrische Überlandzentrale für den Oberamtsbezirk Tuttlingen" gegründet. Ihm gehörten 20 Gemeinden an, darunter auch Tuningen. Die heutige finanzielle EnBW-Beteiligung der Gemeinde dürfte darin begründet sein.

Im Jahr 1913/1914 wurde Tuningen an das elektrische Netz des Gemeindeverbandes Überlandwerk Tuttlingen angeschlossen und schon am 31. Januar 1914 brannte die elektrische Beleuchtung bei 120 Abnehmern zum ersten Mal. Die beiden Mühlen, außerhalb des Ortes, die für den Betrieb ihrer Anlagen Starkstrom benötigten, kamen 1925 ans Netz.

Die Stromleitungen wurden 1913/1914 über Masten den Gebäuden zugeführt.

Sicher waren 1914 noch nicht alle Häuser am Netz und nur in den wichtigsten Räumen hatte man elektrisches Licht. Teilweise war das noch bis nach dem Kriegsende 1945 so. Die Glühbirnen hatten nur 15 oder 25 Watt. Steckdosen brauchte man in der ersten Zeit nicht, es gab ja noch keine Elektrogeräte. Starkstrom wurde am Anfang nur in ganz wenigen Häusern eingerichtet.

Im Jahr 1931 wurde in Tuningen die erste Rundfunkanlage genehmigt. 1952 standen in Deutschland erst etwa 300 Fernseher. In Tuningen kam das Fernsehen etwa Mitte bis Ende der 1950er-Jahre auf. Im August 2014 stellte die Gemeinde Tuningen landesweit als erste ihre Straßenbeleuchtung komplett auf sensorgesteuerte LED-Technik um. 1921/1922 kam die Bezirks-Monteurstelle des Gemeindeverbandes Überlandwerk Tuttlingen nach Tuningen.

Dafür kaufte der Gemeindeverband 1932 ein Haus in der Kaiserstraße. Am 1. April 1939 wurde aus der „Elektrischen Überlandzentrale" die „Energie-Versorgung Schwaben" (EVS), heute EnBW. Im Jahr 1967 verlegte man die Bezirks-Monteurstelle in den Neubau des Wohn- und Werkstattgebäudes mit Schaltwerk an der Ecke Ehrenschopf- Belchenstraße.

Die Solartechnik in Tuningen

Im kommunalen Bereich nahm Tuningen bereits anfangs Dezember 2006 die neue Solaranlage auf dem Schuldach in Betrieb. Am 14. Dezember 2007 ging die Solaranlage auf der Mülldeponie Tuningen/Talheim ans Netz und am 15. Oktober 2017 weihte die EnBW Solar GmbH den Solarpark links und rechts der Autobahn ein. Dort, wo heute der Solarpark angelegt ist, flüchtete am 25. April 1945 der Rest der deutschen Truppe über die Wiesen in den schüzenden Wald.

Auf dem zweiten. Standort in der „Döbel" lagen früher die „Allmandstücke", die die Bürger von der Gemeinde als Bürgernutzen erhielten [9]. Dies war bis zur ersten Flurbereinigung, die zwischen 1953 und 1964 durchgeführt wurde, so. Hierzu ist allerdings anzumerken, dass bereits 1840 bis 1850 eine allererste Flurbereinigung stattfand, die aber bestimmt mit den umfassenden Maßnahmen der neueren Zeit nicht vergleichbar waren.

[9] *Unbescholtene männliche Bewohner über 21 Jahre konnten Bürger werden. Die Bürger von Tuningen hatten Anspruch auf einen Bürgernutzen, der aus der Zuteilung von landwirtschaftlich nutzbarer Fläche (Allmand) auf Lebenszeit und aus einer jährlichen Zuteilung von Brennholz aus dem Gemeindewald bestand. Zugewanderte Personen konnten das Bürgerrecht auch kaufen. Über die Aufnahme als Bürger entschied der Gemeinderat und der Bürgerausschuss.*

Ereignisse in der NS-Zeit

In vielen Kommunen wird erst jetzt die NS-Zeit aufgearbeitet. Zuvor waren die Wunden der vielen Betroffenen und ihrer Nachkommen noch zu schmerzlich. Wenn diese Ereignisse jedoch jetzt nicht aufgearbeitet werden, bleiben sie für immer im Dunkeln. Es ist erstaunlich, wie wenig die heutige Gesellschaft von den damaligen Vorkommnissen weiß. Auch in Tuningen sind viele dieser Vorgänge heute unbekannt. Ein Blick in den neuen Zeitspiegel der Ortschronik wird deshalb manche Leser erschüttern.

Vorgeschichte

Der erste Weltkrieg war verloren. Er forderte weltweit über 17 Millionen Menschenleben, im Deutschen Reich fast drei Millionen. Aus Tuningen kamen schlussendlich 63 Soldaten ums Leben oder waren vermisst. Dieser Krieg kostete Deutschland 98 Milliarden Mark. Die 60 % der Kriegskosten wurden über neun Kriegsanleihen finanziert. Sie waren bis 1924 unkündbar. Durch die Inflation und den verbundenen Zusammenbruch der deutschen Währung im Jahr 1923 verloren die gezeichneten Anteile fast ihren gesamten Wert. Auch viele Tuninger waren von diesem materiellen Verlust betroffen. Nach einer kurzen wirtschaftlichen Erholung folgte 1929 der Börsenkrach mit einer schweren Wirtschaftskrise, verbunden mit Massenarbeitslosigkeit. Politisch war Deutschland zerrissen. Parteikämpfe, bis hin zu politischen Morden, erschütterten das Land.

Matthias Erzberger wurde 1921 von rechtsterroristischen Attentätern ermordet, Walther Rathenau im Jahr 1922 durch ein politisch motiviertes Attentat. Die politische und die wirtschaftliche Lage führten zur Radikalisierung der Bevölkerung. Dunkel stand die Zukunft vor den Menschen. Die Propaganda der Nationalsozialisten schaffte jedoch neues Vertrauen und brachte Hitler 1933 an die Macht.

Die Ereignisse vor der Machtergreifung

Bei den Reichstagswahlen 1924 und 1928 erhielt die NSDAP in Tuningen jeweils nur vier Stimmen. Aber schon zwei Jahre später sah die Situation ganz anders aus. Wenige Tage vor der Reichstagswahl 1930 fand im Gasthaus Hasen eine Versammlung statt, bei der der NSDAP-Parteigenosse Fritz Kiehn aus Trossingen sprach. Aufgrund seiner Rede wählten, am 14. September 1930, 76 Tuninger die NSDAP. Wenige Monate später, am 1. Dezember 1930, fand ebenfalls im Gasthaus Hasen die Gründung der Ortsgruppe der NSDAP statt. Nach dem Rücktritt von vier Gründungsmitgliedern verblieben zuerst zwölf Parteigenossen, die alle der uniformierten SA (Sturmabteilung) angehörten. Kiehn war ab 1932 Reichstagsabgeordneter und gehörte ab 1938 zum persönlichen Stab von Heinrich Himmler.

Viele Tuninger hörten im Frühjahr 1932 in Schwenningen die flammende Rede von Hitler. Bei der Reichstagswahl 1932 erreichte die NSDAP in Tuningen 328 Stimmen.

Dieser Erfolg brachte natürlich auch eine Gegenreaktion mit sich. Zwischen 1930 und 1933 war Tuningen der zentrale Treffpunkt der KPD- und SPD-Funktionäre von Tuttlingen und Schwenningen. Von Tuningen aus wurden die Nationalsozialisten im großen Umkreis bekämpft. Die Nationalsozialisten agierten unter dem SS-Obersturmbannführer Fritz Kiehn von Trossingen aus. Die Anhänger der NSDAP und ihrer Gliederungen formierten sich in Tuningen zusehends.

Es kam teilweise zu schweren Auseinandersetzungen. Am 1. Februar 1931 fand eine Antifaschisten- Kundgebung der sozialdemokratischen Vereine (Fußball-Club „Teutonia", Gesangverein „Eintracht", „Die Naturfreunde", Arbeiter-Rad- und Kraftfahrerbund „Solidarität") gegen die NSDAP statt. Im gleichen Jahr wurde eine Versammlung der NSDAP von 80 KPD- und SPD-Leuten gesprengt. Daraufhin verhinderte die NSDAP-Ortsgruppe die Gründung des SPD-Reichsbanner-Stützpunktes.

Schließlich fand im Winter 1931 im Gasthof zum Bären eine Schlägerei statt, bei der ein NSDAP Ortsgruppenleiter von KPD- und SPD-Mitgliedern krankenhausreif geschlagen wurde. Dieser Vorfall ist seither als „die Schlacht im Bären" bekannt.

Nach der Machtübernahme

Nach der Machtergreifung der NSDAP mussten sich die der Sozialdemokratie nahe gestandenen Vereine selbst auflösen.

Die Reichstagswahl am 5. März 1933 war die letzte freie Wahl. Die NSDAP erhielt in Tuningen 353 Stimmen, die SPD nur noch 153 und die KPD 38 Stimmen. Am 12. November 1933 fand zugleich mit der Reichstagswahl die Volksabstimmung über den Austritt Deutschlands aus dem Völkerbund statt. Nach Ausschaltung der politischen Gegner war praktisch nur eine nationalsozialistische Einheitsliste zugelassen. In Tuningen stimmten 868 für die NSDAP und immerhin noch 16 für die SPD und die KPD.

Die Wahl zum Großdeutschen Reichstag, am 10. April 1938, fand zugleich mit der nachträglichen Volksabstimmung über die Wiedervereinigung Österreichs mit dem Deutschen Reich statt.

Wie bei den beiden vorangegangenen Wahlen war nur eine nationalsozialistische Einheitsliste zugelassen. Es bestand nur die Möglichkeit mit „Ja" oder „Nein" zu stimmen. Obwohl die Wahl von der SA überwacht wurde, stimmten drei heute noch namentlich bekannte Tuninger Wähler mit „Nein". Sie vertraten aufrichtig ihre politische Meinung und hatten danach im Dorf ihre Feinde. Am 1. Januar 1939 zählte die Tuninger Ortsgruppe der NSDAP 56 Parteigenossen.

Bereits im August 1933 wurden die männliche Hitlerjugend (HJ) mit ihrer Nachwuchsorganisation, dem Jungvolk (zehn bis vierzehn Jahre), und die weibliche Organisation, Bund deutscher Mädel (BDM), mit ihrem Jungmädelbund (zehn bis vierzehn Jahre), gebildet. Die Mitgliedschaft war Pflicht. Sie waren die einzig zugelassenen Jugendorganisationen in Deutschland. Auch ein SA-Reitertrupp (Reitersturm), dem mehrere Bauern, die im Besitz von Pferden waren, angehörten, wurde einige Zeit später gegründet.

Durch die Zwangseingliederungen in die NSDAP, einschließlich deren Untergliederungen, wurde das Vereinsleben im Dorf sehr geschwächt. Ab 1935 hatte der Musikverein gezwungenermaßen bei NSDAP-Aufmärschen anzutreten. Die Freiwillige Feuerwehr wurde am 23. November 1938 der Polizeibehörde unterstellt und zur Hilfspolizeitruppe bestimmt.

Das Vereinsheim des CVJM an der Kalkhofstraße diente ab 1937 der Hitlerjugend und dem Bund Deutscher Mädel. Es war das erste HJ-Heim im damaligen Kreis Tuttlingen.

Schon ab Februar 1933 entstanden die ersten Konzentrationslager, anfänglich Schutzhaftlager genannt. Der damalige Tuninger Ortsgruppenleiter veranlasste jedoch, dass kein politischer Gegner dorthin kam.

Die Bevölkerung beugte sich weitgehend dem politischen Diktat. Man ging seiner Beschäftigung nach und schwieg. Erst als der folgende Krieg immer schmerzlichere Wunden riss, wagten es viele Menschen, im vertrauten Freundeskreis und hinter vorgehaltener Hand darüber zu sprechen. Nach dem verlorenen Krieg wurde nicht mehr darüber geredet.

Nur so war es möglich, dass bis vor kurzem in Tuningen kaum noch jemand wusste, dass 1941 ein Tuninger Bürger im KZ Dachau verstorben ist. Er war bereits ab 1936 durch Denunzierung dort inhaftiert, wurde nach zwei Jahren entlassen und 1941 erneut in Dachau eingesperrt. Schon nach wenigen Wochen verstarb er.

Auch wussten nur noch wenige Tuninger, dass in den Jahren 1940/1941 vier behinderte Menschen, zwei Männer und zwei Frauen aus Tuningen, in den Tötungsanstalten Hadamar und Grafeneck umgebracht wurden. Unsinnige Opfer einer besessenen Ideologie!

Der Tuninger Gemeinderat beschloss nun am 11. Oktober 2018 einstimmig, auf dem Friedhof eine Gedenktafel anbringen zu lassen.

Schule in der NS-Zeit und nach der Befreiung durch die französischen Truppen

Durch das Diktat der NS-Regierung wurde im Mai 1936 die „Evangelische Bekenntnisschule" zur „Deutschen Volksschule". In den Klassenzimmern hing das Bild des „Führers", der täglich mit „Heil" begrüßt werden musste. Die Lehrer waren angewiesen, „die Schüler in Wesen, Gründen und Auswirkungen aller rassischen und erbmäßigen Probleme zu unterweisen und ihnen die Wichtigkeit von Rasse und Erbgut für Leben und Schicksal des deutschen Volkes nahe zu bringen und ihnen eine Verantwortung für die Volksgemeinschaft zu entfachen" [10]. Damit ging der letzte Funke von der christlichen Schulkultur verloren.

Einschulungen nach 1939/1940: Es war Krieg. Bald war Gustav Martin der einzige männliche Lehrer der Schule. Er war nicht „kriegsverwendungsfähig", Partei- und SA-Mitglied sowie Schulleiter. Die ersten Jahre verliefen nach unserem Empfinden einigermaßen normal.

In der Schule war noch die Prügelstrafe üblich. Der Rohrstock wurde regelmäßig eingesetzt, bei den Mädchen auf die flache Hand, bei den Buben auf den werten Hintern. So verschaffte der Lehrer gleich im ersten Schuljahr Einschüchterung.

[10] *Aus der noch nicht veröffentlichten Fortschreibung der Tuninger Geschichtsdaten des Ortschronisten Erich Klamert.*

Es wurden die Fächer Lesen, Rechtschreiben (Diktat), Schönschreiben (ein eigenständiges Fach), Aufsatz, Rechnen und Raumlehre, Heimatkunde (nach national-sozialistischen Gesichtspunkten), Zeichnen und Werken und Singen gelehrt. Religion stand nicht mehr auf den Stundenplänen, erst wieder ab 1946. Nach den ersten Schuljahren kamen auch die Fächer Naturkunde und Erdkunde dazu. Die Schulbücher waren durch die NS-Propaganda manipuliert.

Ab 1943 kamen, wegen der Fliegerangriffe, über die Kinderlandverschickung Kinder aus Essen zu Gastel-tern nach Tuningen. Sie gingen mit uns in die Schule und blieben bis sie nach dem Krieg in die englische Besat-zungszone „ausreisen" durften. Auch kamen Kinder mit ihren Müttern aus anderen Städten. Sie flohen dort we-gen der Bombardierungen und suchten Schutz bei Ver-wandten auf dem Lande. Auch diese Kinder gingen mit uns in die Schule.

In Tuningen wurden, wie überall im Land, Luftschutz-räume gebaut, auch im Schulhaus. Immer öfters wurde Sirenenalarm, am Anfang nur zur Probe, gegeben. Klas-senweise wurden die Kinder mit ihren Lehrerinnen zum Kartoffelkäfersammeln auf die Felder geschickt oder in die Wälder zum Sammeln von Heilkräutern, für den Endsieg, wie es hieß. Diese wurden auf der Schulbühne zum Trocknen ausgelegt und alle zwei Tage gewendet. Das Holz zum Heizen der Öfen mussten die Kinder, wenn es trocken war, auf die Bühne tragen.

Einmal gab es einen Schulausflug mit dem Zug nach Rottweil. Dort fand eine Ausstellung mit dem Titel „Das Heer" statt. Eine Waffenschau! Unter den Buben löste sie natürlich Begeisterung für die gezeigten Panzer und Geschütze aus.

Ab 1944 fiel öfters der Schulunterricht wegen Fliegeralarm aus, weshalb es während eineinhalb Jahren kein Zeugnis gab. Die schweren Bomber, die zuerst nur bei Nacht über die Schweiz und die Baar einflogen, hatten zwar die süddeutschen Städte als Ziel, aber man konnte ja nie wissen. Einmal hat einer auf Tuninger Gemarkung abgeladen, bevor er abstürzte. Die Jabos (Jagdbomber) verfolgten und beschossen auch Zivilpersonen. Auf den Feldern musste man öfters Deckung suchen.

Für einige Schuljahrgänge wäre es Zeit zum Wechsel in eine höhere Schule gewesen, doch unter den gegebenen Umständen war nicht daran zu denken. Es gab ja auch keine Busverbindung in die umliegenden Städte und die Zukunft lag dunkel vor den Menschen. Als am 21. April 1945 die Franzosen einmarschierten, wurde das Schulhaus beschlagnahmt. Dort wurde das Casino für das Militär eingerichtet. Wieder fand monatelang kein Schulunterricht statt. Es standen ja auch keine Lehrer zur Verfügung und Schulbücher gab es auch nicht. Der seitherige Schulleiter und Ortsgruppenleiter der NSDAP wurde von den Franzosen nach Frankreich verschleppt. Dort kam er um.

Als es mit dem Schulbetrieb wieder losgehen sollte, waren die anderen Lehrer in Kriegsgefangenschaft und die seitherigen Schulbücher wurden, bevor die Franzosen kamen, wegen den nationalsozialistischen Inhalten verbrannt. Die Lehrer mussten in der NS-Zeit Parteimitglied sein. Als sie zurückkamen wurden sie zuerst entnazifiziert.

Im Spätsommer 1945 fand, zuerst fast ohne Lernmittel, wieder Schule statt. In den Jahren nach dem Krieg konnten die durch die Kriegshandlungen bildungsgeschädigten Kinder noch einen Teil von dem nachholen, was ihnen zuvor verloren ging, doch es blieben Lücken. In bescheidenem Rahmen fanden die ersten Schulentlassfeiern nach dem Krieg statt. Bis 1948 war noch Reichsmarkzeit. Für das Geld konnte man nichts kaufen. Die Industrie lag am Boden. Es gab fast keine Ausbildungsplätze. Die Städte lagen in Trümmern. Es kamen viele Flüchtlinge und Vertriebene, deren Kinder meistens weitaus schlechtere Voraussetzungen bezüglich ihrer Schulausbildung hatten. Doch auch sie mussten anschließend ihren beruflichen Lebensweg finden. Die Zukunft lag finster vor allen.

Der Rückblick in die Geschichte zeigt, wie oft unsere Vorfahren von bitterer Not geschlagen wurden. Kriege, Verfolgung, Gefangenschaft, Flucht, Brandkatastrophen, Naturkatastrophen, Epidemien, Viehseuchen, Ernteausfälle, Hungersnöte, Arbeitslosigkeit, Geldentwertungen, persönliches Leid und vieles mehr belasteten die Menschen zu allen Zeiten.

Natürlich hat darunter auch die Entwicklung der Schule gelitten. Aber unter Berücksichtigung der Verhältnisse hätte sich die Schule in Tuningen nicht besser entwickeln können.

Der heutige hohe Lebensstandard unserer Gesellschaft, auch die hohe Qualität der Schulen und die vielfältigen Möglichkeiten zur Ausbildung sind einmalig in der Geschichte. Es darf nicht vergessen werden, dass es gerade die durch das Kriegsgeschehen im zweiten Weltkrieg geplagte und leidende Generation war, die wesentlich zum heutigen Stand der Wirtschaft und der Lebensqualität der jetzt lebenden Menschen beitrug..

Die Tuninger Bürgermeister in der NS-Zeit

Der Verwaltungsfachmann **Erich Breuning** war zwischen 1924 und 1930 Schultheiß in Tuningen, ab 1930 Bürgermeister. Am 1. Juli 1933 wurde er über die Kreisleitung der NSDAP in den Krankenurlaub geschickt und am 22. Juli 1933 mit Erlass des Staatskommissars für die Körperschaftsverwaltung vorläufig vom Dienst suspendiert. Erich Breuning arbeitete nach seiner Suspendierung bei der Allgemeinen Ortskrankenkasse und später beim Liegenschaftsamt in Heilbronn. Bei einem Fliegerangriff in Heilbronn verlor er seine Frau und die zwei Töchter. Sein einziger Sohn fiel im Feld. Er selbst verstarb am 2. Februar 1964 in Heilbronn.

Weil er als Bürgermeister von Bodelshausen 1933 noch kein Mitglied der NSDAP war, wurde **Hugo Staiger** nach Tuningen strafversetzt. Er übernahm am 8. November 1933 die Amtsgeschäfte vom kommissarisch eingesetzten Bürgermeister Martin Haller, Senior.

Nach dem Inkrafttreten der neuen Gemeindeordnung wurden ab 1935 die Gemeinderäte nicht mehr gewählt, sondern vom Beauftragten der NSDAP ernannt. Auch die Bürgermeister wurden berufen. Bürgermeister Hugo Staiger wirkte mit zwei stimmberechtigten Beigeordneten und sechs Gemeinderäten ohne Stimmrecht bis zum Kriegsende über die Geschicke von Tuningen.

Nach dem Krieg wurde er dann zum Befehlsempfänger der französischen Ortskommandantur degradiert und am 19. August 1946 verfügte das neugebildete Staatssekretariat Südwürttemberg-Hohenzollern, dass Bürgermeister Staiger wegen seiner Zugehörigkeit zur NSDAP zu entlassen sei. Er war aber noch vom 14. Januar 1947 bis zum 31. März 1948 stellvertretender Verwaltungsaktuar in Tuningen und 1948 war er zum Verwaltungsaktuar in Wehingen bestellt. Dort wohnte er bis 1957.

Die Kriegsjahre und ihr Ende

Die nationalsozialistische Propaganda wirkte einige Zeit. Doch bereits nach wenigen Jahren kam der zweiten Weltkrieg. Immer mehr Männer wurden in den Krieg eingezogen. Immer öfters kamen Nachrichten von gefallenen oder verwundeten Soldaten.

Zu Hause fehlten sie überall. Ihre Angehörigen hatten Angst um sie. Die Stimmung sank zunehmend. Alle hatten ihre ganz persönlichen Sorgen und Nöte, die Menschen in der Stadt, wie die auf dem Land. Immer öfters zeigte sich auch der materielle Mangel. Die Waren wurden schon 1940 rationiert. Lange nicht alles konnte man mit den Bezugsscheinen kaufen. Die Landwirte mussten ihre Erzeugnisse abliefern, die Bewohner der Städte bekamen nicht genug zu essen. Sie tauschten ein, was sie hatten und nicht unbedingt brauchten, und sie stahlen die Früchte von den Feldern. Der Hunger trieb sie dazu.

Wenige Monate vor Kriegsende schickte man noch die alten Männer vom Volkssturm mit Schaufel und Pickel an den Westwall zum Ausbau der Verteidigungsanlagen. Die Panzersperren, die der Tuninger Volkssturm auf den Straßen nach Sunthausen und nach Hochemmingen als Hindernis von Westen her baute, wurden nicht mehr geschlossen. Die französischen Panzer kamen am 21. April 1945 nicht von Westen, sondern von Schwenningen und von Trossingen nach Tuningen.

Als die Panzer einfuhren, brannte einer der beiden Bierkeller an der Sunthauser Straße, der erste außerhalb des Dorfes. Dort sollte eine der Panzersperren geschlossen werden. Die uniformierte Feuerwehr hatte erhebliche Mühe, dem französischen Militär klarzumachen, dass sie keine militärische Kampftruppe war.

Das Feuer entstand durch Funkenflug. Ein Feldwebel der deutschen Luftnachrichten-Reservekompanie 13/7 hatte die etwa 100 Meter entfernt auf der Höhe gestandene Luftraum-Beobachtungsstation gesprengt.

Sie sollte nicht in die Hände der Franzosen fallen. Die Beobachtungsstation war in den letzten Kriegsjahren im Schichtbetrieb mit sechs Flakhelferinnen, die in Tuningen im Adler wohnten, einem Obergefreiten aus Tuningen und einem Unteroffizier aus Sunthausen besetzt. Noch am Abend davor beobachtete die Besatzung der Station, wie ein Jagdbomber (Jabo) ein privates Transportfahrzeug auf der Schwenninger Straße in Brand schoss.

Mit diesem Tag näherte sich die Befreiung der als Kriegsgefangene in der Landwirtschaft in Tuningen arbeitenden französischen Soldaten. Sie wurden von den Bauern und auch von ihrem Wachmann, dem Polizeidiener Jakob Hanßmann, gut behandelt. Über Nacht wurden sie in einem gesicherten Raum im Rathaus eingeschlossen. Die Landwirte holten sie am Morgen dort ab und brachten sie abends wieder dorthin zurück. Es gab keine Probleme.

Als nun ihre Befreier in Tuningen ankamen, legte einer der Gefangenen beim Kommandeur der Truppe ein gutes Wort für Tuningen ein. Seine Fürsprache zeigte Wirkung, als am 25. April die im Schwarzwald eingeschlossenen deutschen Truppen nach Osten durchbrachen und es in mehreren Dörfern der Umgebung zu schweren Kämpfen kam. Bad Dürrheim, Aasen und Heidenhofen hatten viele Tote und Verletzte zu beklagen, auch unter der Zivilbevölkerung. Die sich zurückziehenden deutschen Truppen streiften danach Tuningen. Eine sehr gefährliche Situation. Obwohl das Dorf bereits von den Franzosen besetzt war, fiel kein Schuss. Im Außenbereich der Hegestraße blieb dann der Proviantwagen zurück. Dort holte sich später die Bevölkerung, was brauchbar war. Die „gefundenen" Kommissbrote, die in Berichten mehrfach erwähnt wurden, stammten von dort. Die zerschlagene deutsche Truppe zog im Schutz des Haldenwaldes in Richtung Öfingen weiter. Der Autor Hermann Riedel beschrieb das Vorhaben mit dem Titel seines Buches „Ausweglos" [11].

Ungeschoren kam Tuningen allerdings auch nicht davon. Schon vor dem Einmarsch der Franzosen spürte die Bevölkerung die Nähe des Krieges: Fast jede Nacht war Luftalarm, auch verbunden mit Aufenthalten im Luftschutzkeller.

Über uns dröhnten die Bombergeschwader, die über die Schweiz nach Deutschland flogen, um über unseren Städten ihre tödliche Fracht abzuwerfen. Manchmal sah man am nächtlichen Himmel einen „Christbaum", der den Flugzeugen den Weg oder das Ziel markierte.

---

[11] *Hermann Riedel: Ausweglos ...! Letzter Akt des Krieges im Schwarzwald, in der Ostbaar und an der oberen Donau Ende April 1945, Helios Verlag (2011), ISBN 9783869330631*

Es lebten Menschen unter uns, die diesem Grauen in den Städten entflohen waren. Sie ließen ihre Wohnungen, oft auch Angehörige und Freunde, zurück. Ein Bomber entlud seine Ladung am hellen Tag im Wald und auf den Feldern von Tuningen, bevor er selbst irgendwo aufschlug. Es waren mehrere Sprengbomben und eine Luftmine, die alle explodierten.

Tagsüber griffen die Jagdbomber Menschen und Fahrzeuge an. Ein Tuninger Landwirt, der mit seinen Pferden auf dem Feld arbeitete, kam dabei um. Autos wurden verfolgt und beschossen. In einigen Fällen entstanden durch Einschüsse kleinere Hausbrände, die aber gelöscht werden konnten. Im Umfeld von Tuningen stürzten zwei Flugzeuge ab, Sammler und Kinder holten sich dort, was sie glaubten gebrauchen zu können, auch Munition. Ein kleineres Flugzeug landete am Waldrand, wurde im Wald versteckt und war danach spurlos verschwunden. Bei den Kämpfen um den Ausbruch der eingeschlossenen deutschen Truppen kam es auch zu zwei Granateinschlägen, im damals letzten Haus an der Sunthauser Straße. Es war das Haus des Besitzers vom brennenden Bierkeller, sein früheres Haus in der Bachstraße brannte schon 1931 ab.

Während der Besatzungszeit herrschte Kriegsrecht. Die französischen Militärs holten aus den Ställen, was sie brauchten Schweine, Hühner, Eier, Gänse usw. Trotz der nächtlichen Ausgangssperren kam es zu Plünderungen.

Nach dem Krieg kamen 222 Flüchtlinge und Heimatvertriebene aus den deutschen Ostgebieten, aus Ost- und Südosteuropa zu uns. Sie hatten weit Schlimmeres erlebt. Der zweite Weltkrieg forderte von Tuningen 73 Gefallene oder an den Kriegsfolgen Verstorbene, davon 14 aus Flüchtlingsfamilien, 38 Vermisste, davon neun aus Flüchtlingsfamilien, zusammen 111 Tote und Vermisste.

Der letzte Spätheimkehrer aus russischer Kriegsgefangenschaft konnte erst 1955 in der Gemeinde begrüßt werden. Trotz dieser Kriegsereignisse sollten wir derer dankbar gedenken, die am 25. April 1945 schwere Kämpfe in Tuningen verhinderten. Ihnen gelten unsere Anerkennung und unser Dank.

Margarete Hoffer
und ihre geheimen Aktionen

Die Vikarin Margarete Hoffer hielt während des Krieges öfters in Tuningen Gottesdienst. Sie wurde am 31. Juli 1906 in Marburg/Drau, Herzogtum Steiermark (Österreich-Ungarn), als Tochter eines Gymnasialdirektors geboren. Sie studierte in Kiel, Tübingen und Wien evangelische Theologie, obwohl sie wusste, dass in der damaligen Zeit eine Ordination zur Pfarrerin unmöglich war.

Nach dem Examen erteilte sie von 1931-1938 an verschiedenen Schulen in Wien Religionsunterricht und erlebte, wie Kinder von der Schule verwiesen wurden, weil sie jüdisch waren. Margarete Hoffer nahm sich längere Zeit dieser Kinder an und unterstützte sie in unterschiedlicher Weise.

Durch ihre geistige Auseinandersetzung mit dem Nationalsozialismus jener Zeit wurde Margarete Hoffer zu einer entschiedenen Gegnerin dieses Regimes, wodurch ihre Tätigkeit als Religionslehrerin endete.

Margarete Hoffer kam nach Deutschland, nach Berlin, Witten und schließlich nach Württemberg. Hier waren Pfarrstellen verwaist, weil viele Pfarrer zum Dienst an der Waffe gerufen waren. So kam Margarete Hoffer nach Plochingen und am 1. Februar 1941 nach Schwenningen. Sie wurde Vikarin an der Johanneskirche, in Vertretung des zum Militärdienst eingezogenen Pfarrers Kurz. Nach kurzer Dienstzeit wurde auch der damalige Tuninger Pfarrer Karl Esslinger schon am 04. Dezember 1940 zum Kriegseinsatz eingezogen. Die Vikarin Hoffer hatte regelmäßig, neben Missionar Matthias Hohner aus Trossingen und Lektor und Fabrikant Friedrich Diehl aus Trossingen, bis 1945 auch Dienst in Tuningen. Die Tuninger Gemeinde war über diese Ersatzdienste dankbar. Frau Hoffer kam bei jedem Wetter, oft durchnässt, mit einem alten Fahrrad zum Predigtdienst in die kalte Kirche nach Tuningen. Sie durfte aber keine Hauptgottesdienste halten, kein Abendmahl spenden und keine Konfirmation durchführen. Das Tragen eines Talars war ihr untersagt.

Manches Tuninger Gemeindeglied wunderte sich, dass die Vikarin nach jedem Besuch in Tuningen vollbepackt zurück nach Schwenningen fuhr. Nur wenige wussten oder ahnten, dass Frau Hoffer Mitglied der „Pfarrhauskette" war.

Sie war Mitglied einer Widerstandskette, die unter dem Risiko ihres eigenen Lebens verfolgten Juden auf ihrer Flucht in die nahe Schweiz half. In dieser Kette arbeiteten viele Pfarrer in unserem Land zusammen.

Auch die früheren Tuninger Pfarrersleute Eugen und Johanna Stöffler, die inzwischen in Köngen tätig waren, gehörten zu diesem Kreis. Margarete Hoffer nahm in Tuningen Lebensmittel für die verfolgten Juden, die bei Schwenninger Pfarrfamilien und bei Privatleuten Unterschlupf gefunden hatten, mit. Es ist nicht bekannt, ob alle Spender in der Gemeinde wussten, wofür sie die Lebensmittel bei Frau Esslinger, die die Einsätze in Tuningen koordinierte, abgaben. Jedenfalls vertrauten sie darauf, dass sie in christlicher Nächstenliebe handelten. Die inzwischen als „Stille Helden" geehrten Schwenninger Unterstützer waren das Tor zur Rettung auf der Flucht. Frau Hoffer begleitete manche Flüchtenden bis an die streng bewachte Schweizer Grenze. Einmal wurde sie sogar erwischt, kam aber mit einer Geldstrafe davon.

Pfarrer Dr. Peter Haigis zitierte Frau Hoffer am 8. November 2008 im Wort zum Tag des SWR 2 mit folgenden Worten: „Sie belastete nicht so sehr die ständige Angst entdeckt zu werden, als das Mitspüren der Anspannung und Angst der Gejagten und die Scham, teilzuhaben an der entsetzlichen Schuld der schweigenden Zuschauer des Volkes bei der millionenfachen Kreuzigung des Juden Jesus."

Von 1943-1945 erteilte sie im Pfarrhaussaal Zuhörer- und Konfirmandenunterricht und in den Jahren 1944-1945 hielt sie jeweils an Sonntagnachmittagen 18 Gedächtnisgottesdienste für die im zweiten Weltkrieg gefallenen Tuninger Soldaten. Ihre Predigten waren für die Trauernden ein Trost in schweren Stunden.

Kurz nach Kriegsende wurde auf Tuninger Gemarkung ein toter unbekannter deutscher Soldat gefunden. Der Schwenninger Bevölkerung war aber das Verlassen der Stadt verboten und den Toten wollte man in Tuningen kirchlich bestatten.

Mit einem Milchauto wurde die Vikarin aus Schwenningen herausgeschleust und sie beerdigte entgegen der Vorschrift im Talar von Pfarrer Esslinger und obwohl die französische Ortskommandantur eine Beteiligung der Bevölkerung untersagte unter großer Beteiligung den unbekannten deutschen Soldaten.

Im Oktober 1945, als die Pfarrstellen langsam wieder durch die heimkehrenden Kriegsteilnehmer besetzt wurden, ließ sich die Vikarin Hoffer aus dem aktiven Dienst in der württembergischen Landeskirche freistellen. An der Evangelisch-Theologischen Fakultät der Universität Tübingen promovierte sie bei Prof. Michel über das Thema „Buße und Umkehr im neuen Testament" zur Doktorin der Theologie. Im Juli 1947 folgte sie dem Ruf nach Linz/Donau, um dort die „Evangelische Flüchtlingshilfe" für volksdeutsche Vertriebene aufzubauen.

Ab 1952 betätigte sie sich an verschiedenen Schulen als „Religionsprofessorin" und war bei internationalen Konferenzen Delegierte der österreichischen Kirche. Die evangelische Christin Dr. Margarete Hoffer wurde am 17. März 1991 im Alter von 85 Jahren in die ewige Heimat abgerufen. Als Heldin hat sie sich nie gesehen. Sie hat das getan, was sie als ihre christliche Pflicht ansah.

Berühmte Männer mit Namen Schneckenburger

Johann Jakob Schneckenburger , 1769 in Tuningen geboren, studierte um 1796 in Tübingen Medizin, heiratete im Jahr 1805 in Trossingen Christina Catharina, geb. Goll, die Tochter des dortigen Arztes Dr. Johann Ludwig Goll, ein Nachfahre der beiden Trossinger Pfarrer namens Goll und des Schulmeisters Enoch Ludwig Goll. Der Arzt Dr. Johann Jakob Schneckenburger war von 1833-1835 Abgeordneter des Oberamts Tuttlingen im württembergischen Landtag in Stuttgart. Nach seinem Tod vermachte die Witwe Christina Catharina der Tuninger Schulstiftung 800 Gulden.

Sein Bruder **Tobias Schneckenburger** wurde 1773 in Tuningen geboren, heiratete im Jahr 1802 in Talheim Regina Margaretha, geb. Haug, die Tochter des Seidenfabrikanten und Erbauers des Schneckenburgerhauses (Museum) Matthias Haug. Matthias war der Sohn des Talheimer Lindenwirts Johann Conrad Haug und der Ursula Margaretha geb. Straßer, Tochter des Pfarrers Johann Jakob Straßer.

Aus dieser Ehe gingen vier namhafte Söhne hervor. Der ältere, Matthias Schneckenburger, wurde Pfarrer und Professor in Bern.

Der zweite, Johann Jakob Schneckenburger, war Kaufmann und Fabrikant in Feldbach / Schweiz. Der dritte Sohn Tobias Christian Schneckenburger war Arzt und heiratete nach Ebingen.

Der jüngste und bekannteste war der Dichter und Kaufmann Maximilian (Max) Schneckenburger. Er war mit Louise Henriette, geb. Weikersreuter, der Tochter des Talheimer Pfarrers Carl Max Weikersreuter verheiratet. Sie wohnten in Burgdorf bei Bern. Max war dort Geschäftsführer einer Eisengießerei.

Mit 21 Jahren schrieb er das Gedicht „Die Wacht am Rhein", das später wiederholt in abgeänderter Form als Lied vertont wurde. Das als Reaktion auf die politischen Verhältnisse der damaligen Zeit entstandene Lied führte ein Männerchor am 11. Juni 1854, anlässlich der Silberhochzeit des Prinzen Wilhelm und späteren Kaisers Wilhelm I., auf. In der Folgezeit erfuhr das nationalistisch geprägte Lied als „Volkslied" eine große Beliebtheit, besonders im Krieg 1870/71.

Aus der Feder von Max Schneckenburger stammt auch das weniger bekannte Gedicht über „Die Soldatentanne bei Tuningen", das später in verschiedenen Fassungen als Theaterstück aufgeführt wurde.

Max Schneckenburger wurde am 17. Februar 1819 in Talheim geboren. Er starb am 3. Mai 1849 in Burgdorf, wurde am 18. Juli 1886 in seinen Geburtsort Talheim überführt und dort in einem Grabmal am Eingang des Friedhofs beigesetzt.

Ein sanftes, liebes, häusliches Weib – Maria Caroline Gradmann

Wer kennt diese Frau? Wer kennt ihren Namen? Erst im Jahr 1993 ist ihre Biografie erschienen. Maria Caroline Gradmann wurde in Tuningen von ihrem Großvater, dem damaligen Pfarrer Magister Bernhard Baumeister (1759-1791), getauft. Doch das ist schon lange her, aber diese Frau wird von der Landesbibliographie Baden-Württemberg als Tuninger Persönlichkeit durch ihre Biografie mit dem Titel „Ein sanftes, liebes, häusliches Weib – aus dem Alltag einer bürgerlichen Frau" gewürdigt.

Maria Caroline Gradmann ist am 31. März 1784 in Tuningen geboren. Sie starb im Jahr 1862 in Ravensburg. Ihr Vater, Conrad Nicolaus Graf, war Direktor einer Seidenfabrik in Villingen und Sohn eines Buchhalters aus Nürnberg, in Tuningen war er mit der Pfarrerstochter Maria Friederike, geb. Baumeister, verheiratet. Maria Caroline war eines von zwölf Kindern. Sie heiratete den aus einer damals bekannten Ravensburger Unternehmerfamilie (Papiermühle Ravensburg) stammenden Kaufmann und Spezereiwarenhändler Ulrich Christoph Gradmann.

Maria Caroline und Ulrich Christoph Gradmann waren die Großeltern des 1950 verstorbenen Professors Robert Julius Wilhelm Gradmann. Er war Pfarrer, Geograf, Botaniker und Landeskundler und wurde berühmt durch mehrere wissenschaftliche Veröffentlichungen, z. B. durch den Pflanzenführer der Schwäbischen Alb. Im Jahr 1898 wurde Gradmann mit seinem Werk „Das Pflanzenleben der Schwäbischen Alb" von der Universität Tübingen ohne Botanikstudium promoviert.

Die wechselvolle Geschichte der ehemaligen Gaststätte Krone in Tuningen

Die Gaststätte Krone in Tuningen betrieb früher eine eigene Brauerei und war ein Renommierlokal   ersten Ranges. Es ist nicht bekannt, wann das Gasthaus gebaut wurde und auch nicht, wer es zuerst betrieb.

Die Tuninger Wirte mit Namen Vosseler (Votzeler, Voßeler)

In der ersten Hälfte des 18. Jahrhunderts war Johannes (Hans) Vosseler, mit dem Beinamen Lerch, Wirt der Gaststätte Krone. Er wurde 1693 geboren. Sein Vater mit gleichem Namen war Metzger, wurde als Ehebrecher verurteilt und starb mit 30 Jahren.

Etwa zur gleichen Zeit war Christian Vosseler, der Sohn des Schulmeisters (Namensgleichheit mit dem Vater) Storchenwirt in Tuningen. Eigentlich sollte er in die Fußstapfen seines Vaters treten, doch dieser gab 49 Jahre lang (1691 bis 1740) sein Amt nicht ab.

Der Storchenwirt Christian Vosseler war mit Christina, der Cousine (damals Base genannt) des Kronenwirts Johannes Vosseler, (Lerch), verheiratet.

Die Tuninger Wirte mit Namen Storz

Der Name Storz lässt sich zurückverfolgen bis in die Mitte des 15. Jahrhunderts. Der Stammvater der Storz in Tuttlingen, Neuhausen ob Eck und Tuningen war der um 1609 geborene Müller der unteren Mühle in Burgberg, heute Königsfeld.

Die renovierte untere Mühle in Burgberg im Jahr 2018.

Einer seiner Nachkommen, Joseph Storz aus Neuhausen ob Eck, kam im Jahr 1787 als Bierbrauer nach Tuningen. Er verheiratete sich in Tuningen und wurde Ochsenwirt. Es ist an dieser Stelle nicht möglich, auf die verwandtschaftlichen Verhältnisse näher einzugehen. Joseph Storz selbst und seine Nachkommen waren teilweise zweimal verheiratet und trugen oft die gleichen Namen. Sie sind aber fast alle lückenlos nachweisbar.

Der Sohn Johann Georg Christian aus erster Ehe des Ochsenwirts Joseph wurde Kronenwirt. Die Tochter Christina aus der zweiten Ehe von Joseph blieb im Ochsen. Beide hatten Nachkommen und beide wieder aus zwei Ehen.

Christian Storz, auch Sultan genannt, war der dritte Kronenwirt mit Namen Storz. Seine Eltern waren Johann Georg Christian, der jüngere und Maria Agatha, geb. Heinzmann. Er wurde, weil er eine zweckdienliche Lokalität in der Krone zur Verfügung stellen konnte, am 1. Mai 1905 Postagent. Als er am 9. Januar 1931 verstarb, führte seine Witwe, Anna Barbara, geb. Schaible, die Schwester von Schultheiß Schaible, die Postagentur noch bis Ende September weiter. Danach übernahm die seitherige Postgehilfin Anna Hauser (Post-Anna) die Leitung der Post.

Die Nachkommen des 1787 aus Neuhausen ob Eck zugezogenen Joseph Storz waren zahlreich. Es bildeten sich drei Storz-Linien: die Ochsen-Linie, die Kronen-Linie und die Untervogts-Linie. Inzwischen sind die Namensträger Storz in Tuningen fast ausgestorben.

Beim zweiten großen Brand, am 23. August 1860, brannten in Tuningen sieben Gasthäuser nieder, drei davon, die Krone, der Ochsen und der Engel, waren im Besitz von Mitgliedern der Storz-Familie. Die drei Gasthäuser wurden 1861/1862 wieder aufgebaut.

Die Familie Storz gehörte zu den einflussreichsten Bürgern von Tuningen

Die Kronenmannschaft um 1890/1900. In der Bildmitte der letzte Kronenwirt (mit Käppchen und Bauernhemd), links die damals fast neue Schule von 1861/1862, rechts die Kirche, wie sie bis zu ihrem Umbau 1901 aussah.

Nach 1860, als die Dorf- und die Kalkhofstraße begradigt wurden, gab es Bestrebungen, diese Begradigung durch das ganze abgebrannte Gebiet hindurch bis zur heutigen Bachstraße weiterzuführen. Dies scheiterte jedoch am Widerstand der einflussreichen Familie Storz. Die Straße musste aus wirtschaftlichen Gründen wieder direkt an der Krone vorbeiführen. Deshalb ist die Straße auf „dem Platz" zweimal abgewinkelt. Die Staigstraße war damals noch eine steile und schlecht ausgebaute Verbindung in Richtung Schwenningen. Mit der Verlängerung der Hauptstraße bis hinunter zur heutigen Bachstraße hätte sich dieses Problem lösen lassen.

Das weitere Schicksal der Krone

Pfarrer Eugen Stöffler, der sich verschiedentlich um das Geschehen im Dorf bemühte, stellte bereits 1919 ein Denkschema zum Bau eines Gemeindehauses auf. Die daraufhin folgende öffentliche Diskussion führte im Februar 1920 zum Kauf des ehemaligen Gasthauses Krone durch die Gemeinde Tuningen und zum Umbau des Ökonomieteils in eine Turn- und Festhalle. Darüber wurden Mietwohnungen und auf der Straßenseite eine Ortsvorsteher-Dienstwohnung und eine Postagenten-wohnung eingebaut. Christian Storz, der letzte Kronen-wirt, konnte also weiterhin in der Krone wohnen. Am 16. Dezember 1922 wurde der Kronensaal (Bürgersaal) als Turn- und Gemeindefestsaal mit etwa 320 Sitzplätzen eingeweiht. Die Postagentur blieb zunächst in der Kro-ne, bis der Umzug Anfang März 1955 in den Handar-beitsraum der ehemaligen Schule gegenüber möglich war.

Im Zusammenhang mit der neuen Schule plante die Gemeinde etwa ab 1950/1952 auch eine neue Turn- und Festhalle. Die ehemalige Krone stand zum Verkauf. Ab 1953 fertigte die „Schwarzwälder Uhrenfabrik Unex GmbH aus Bad Dürrheim mit bis zu 32 Beschäftigten im Kronensaal Kuckucksuhren. Das war der erste Ver-such zur Ansiedelung von Gewerbe nach dem Krieg.

Bedingt durch den Verkauf der ehemaligen Krone an das Motorrad- und Autohaus Karl Götz, welches im Saal eine Kfz-Werkstatt einrichtete, musste die Unex GmbH etwa 1955 wieder ausziehen.

Durch den umfangreichen Umbau entstanden auf der Straßenseite ein Verkaufsraum und eine Tankstelle. Die ehemaligen Räume der Postagentur wurden zu einem Lebensmittelgeschäft umgebaut, welches u. a. einige Jahre als Konsum-Verkaufsstelle betrieben wurde.

Anfang der 1980er-Jahre wurde die ehemalige Krone erneut verkauft und umgebaut. Seit März 1985 wird dort die Kronen-Apotheke geführt.

Die Krone in Tuningen – ein wahrhaft geschichtsträchtiger Platz!

Einer verhinderte die Katastrophe

Aus dem Büchlein von 1839: „Beschreibung und Geschichte von Tuttlingen und ihres Oberamts-Bezirks"

21. Februar 1818, wörtlich: „Abends drohte Thuningen ein großes Brandunglück. Des Löwenwirths Kohler Haus gerieth in Brand und das brennende Kamin streute feurige Funken auf seinem Schindelndache umher; allein Schmid Vosseler bestieg das Dach beherzt, deckte das Kamin mit nassen Tüchern zu, und machte so seinen Mitbürgern möglich, den weiteren Ausbruch des Feuers zu hemmen, der wegen des starken Windes von schrecklichen Folgen gewesen wäre. Er erhielt deswegen den 9. März eine Prämie von 20 fl."

Anmerkung: fl ist die Abkürzung für Gulden

Tödliche Blitzschläge

Ein schlimmes Ereignis traf eine Familie im Hasenloch

Originaltext umgeschrieben nach einer Abschrift von Manfred Erchinger aus dem Totenbuch von Pfarrer Johann Ulrich Danböck.

Am 30. Mai 1731, abends zwischen fünf und sechs Uhr, tötete ein Blitzschlag am Tisch in der Wohnstube des Hauses von Andreas Kayser (Weber) im Hasenloch ihn und seinen Knecht Johann Clehte von Oberdigisheim. Weitere Anwesende wurden teilweise verletzt und fielen übereinander unter den Tisch. Das Schulerbüble Pauly Linck, das Kind von der Schwester des Andreas, fiel unter den Knecht und konnte fast nicht mehr schreien. Johannes Voßeler konnte hervor gezogen werden, blieb aber lebendig. Des Andreas größtes Töchterchen Katharina fiel auf des Hallers Fritz und musste wie tot aus dem Haus getragen werden. Katharina war längere Zeit bewusstlos und litt an einem Auge und am Kopf. Die beiden Verstorbenen, der Meister Andreas und sein Knecht Johann, wurden bei einem großen Leichenbegräbnis und unter viel 1000 Tränen am 1. Juni begraben. Andreas war 43 Jahre alt, Johann war 38 Jahre alt. Sie liegen beisammen in einem Grab.

Zwei weitere Menschen starben in der oberen Mühle

In der Nacht vom 20. auf 21. August 1823 wurden in der oberen Mühle zwei Menschen von einem Wetterstrahl (Blitz) getötet.

Sonstiges

Das Haus mit dem besonderen Standort

Anfang des 18. Jahrhunderts stand in Tuningen ein Haus genau auf der mitteleuropäischen Wasserscheide. Das Regenwasser des einen Daches lief in den Kötenbach und somit durch die Donau ins Schwarze Meer. Das Wasser vom gegenüberliegenden Dach floss in den Neckar und dadurch in die Nordsee.

Aus der Natur

1805	wurde der letzte Wolf der Baar in den Immendinger Bergen von fürstenbergischen Jägern erlegt. In Deutschland wurde der letzte Wolf um 1900 im Harz erlegt.
2008:	Erstmals seit vielen Jahren hat sich ein Storchenpaar auf dem vorgerichteten Nest auf dem Kirchturm niedergelassen. Danach war das Nest jedes Jahr bewohnt.
August 2012:	Am Waldrand zwischen der Kreis- und der Bundesstraße wurde ein Albino-Reh geboren.
2013:	Im Biotop im Brühl haben sich erstmals in Tuningen Biber angesiedelt.

Bildnachweis:

Umschlagfoto und Bilder auf den Seiten 18, 22, 31 oben und unten, 38, 74 und 104 von Emil Klaiber.

Aus historischen Bildersammlungen:

Bilder auf den Seiten 10, 30 unten, 32 oben, 78, 83 und 106 von Emil Klaiber.

Bilder auf den Seiten 26, 29, 51, 59 links und rechts, und 60 von Erich Klamert.

Zeichnungen der Seiten 49 und 68 von Erich Klamert.

Bilder auf der Seite 30 oben und der Seite 32 unten aus der Festschrift der Gemeinde Tuningen, anlässlich der Einweihung von Schulhaus und Turnhalle vom 4. bis 6. Juni 1955.

Über die Autoren

Emil Klaiber, Jahrgang 1934, beschäftigte sich in seiner Freizeit seit vielen Jahren mit Ahnenforschung, Namenkunde und mit der Heimatkunde seines Geburtsortes Tuningen. Er erfasste besonders die NS-Zeit, das Geschehen in Tuningen beim Einmarsch des französischen Militärs und die Zeit der Besatzung. Er entwickelte einen besonderen „Digitalen Zeitspiegel", der mit seinen Informationsmöglichkeiten weit über die eines normalen chronologischen Zeitspiegels hinausgeht.

Erich Klamert, Jahrgang 1935, erforschte über lange Jahre die Tuninger Ortsgeschichte und sammelte auch noch nach dem Erscheinen der Heimatchronik Tuningen, bei deren Ausarbeitung er sich als einer der Hauptautoren beteiligte, geschichtliche Daten. Alle Forschungsergebnisse stellte er zur Speicherung in den „Digitalen Zeitspiegel" zur Verfügung. Ein Teil dieser historischen Ereignisse lieferten die Grundlage für das hier vorliegende Büchlein.